Der Experimentalbeweisantrag im Strafprozess

Europäische Hochschulschriften

Publications Universitaires Européennes

European University Studies

Reihe II

Rechtswissenschaft

Série II Series II

Droit

Law

Bd./Vol. 3336

PETER LANG

Frankfurt am Main · Berlin · Bern · Bruxelles · New York · Oxford · Wien

Andreas Karow

Der Experimentalbeweisantrag im Strafprozess

PETER LANG
Europäischer Verlag der Wissenschaften

Die Deutsche Bibliothek - CIP-Einheitsaufnahme

Karow, Andreas :

Der Experimentalbeweisantrag im Strafprozess / Andreas Karow. - Frankfurt am Main ; Berlin ; Bern ; Bruxelles ; New York ; Oxford ; Wien : Lang, 2002
(Europäische Hochschulschriften : Reihe 2, Rechtswissenschaft ; Bd.3336)
Zugl.: Greifswald, Univ., Diss., 2001
ISBN 3-631-38374-6

Satz und Layout:
Schreibservice Kumpernatz + Bromann,
Hamburg

9
ISSN 0531-7312
ISBN 3-631-38374-6

Nur aus dem Wissen des Lebens
kann ein Leben des Wissens entstehen.

Max Alsberg

Einer allein hat immer Unrecht,
mit Zweien beginnt die Wahrheit.

Friedrich Nietzsche

Der Eine erschafft's,
der Zweite beacht's,
der Dritte verlacht's
– was macht's?

Inschrift vor einer Schloßruine
in Bonn-Bad Godesberg

Vorwort

Zu großem Dank verpflichtet bin ich meinem Doktorvater, Herrn Prof. Dr. Jürgen Regge. Er hat mir – auf der Suche nach einem strafprozessualen Thema – die Anregung zur vorliegenden Arbeit gegeben. Er hat die Anfertigung der Arbeit mit hilfreichen Hinweisen und dann noch mit Langmut begleitet, als der Verfasser immer noch der Meinung war, eigene empirische Erfahrungen als Verteidiger sammeln zu sollen. Als Geschäftsführender Dekan der im Aufbau befindlichen Juristischen Fakultät der Universität Greifswald hat Prof. Regge die Möglichkeit gegeben, als Arbeitsgemeinschaftsleiter und später auch als sein Assistent tätig zu werden.

Weiter danke ich Herrn Prof. Dr. Frieder Dünkel für seine wohlwollende Begutachtung der Arbeit.

Mein Verständnis des Strafprozesses wurde geprägt durch den Hamburger Strafverteidiger Dr. Hajo Wandschneider, mit dem ich als junger Rechtsanwalt einige Verteidigungen gemeinsam führen durfte. Zudem haben mich die Strafverteidiger Prof. Dr. Reinhold Schlothauer und Johann Schwenn als Ausbilder nachhaltig beeinflußt.

Die Arbeit ist im November 2000 von der Juristischen Fakultät der Universität Greifswald als Dissertation angenommen worden.

Hamburg, im Juli 2001 *Andreas Karow*

Inhaltsverzeichnis

Problemstellung

In der allgemeinen juristischen Diskussion wie innerhalb des strafprozessualen Diskurses führt der Begriff des Experimentalbeweises nicht nur ein Schattendasein – er kommt fast nicht vor. Der Begriff ist selbst demjenigen, dessen tägliche Profession sich mit Strafrecht befaßt, kaum geläufig. Und doch ist das Experiment bzw. der Versuch im empirischen Strafprozeß nicht nur eine häufige Erscheinung, die faktische Relevanz dieses Phänomens verhält sich reziprok zu dessen begrifflichem Bekanntheitsgrad.

Insoweit kann ein Beispiel aus der allerjüngsten Vergangenheit angeführt werden:

Zu zweifelhafter Berühmtheit war der sog. „Frankfurter Mohren-Beschluß" gelangt.[1] In einem Strafverfahren wegen schwerer räuberischer Erpressung gegen den farbigen US-Amerikaner B. erläßt die 17. Strafkammer des Landgerichts Frankfurt am Main am 1. August 1996 einen Aufklärungsbeschluß, in dem u.a. eine von der Verteidigung beantragte Gegenüberstellung mit der Begründung abgelehnt wird, die Kammer sehe keine Möglichkeit, mindestens fünf weitere Personen zu finden, die dem Angeklagten gleichen oder ihm ähnlich sind.

In diesem Beschluß bezeichnet die Strafkammer den Angeklagten als „Mohren". Der Beschluß hat folgenden Wortlaut:

> „Der Antrag vom 12.06.1996 war nach pflichtgemäßem Ermessen gemäß § 244 V StPO zurückzuweisen. Die Kammer tritt den Gründen des Beschlusses des Amtsgerichts Frankfurt am Main vom 20.05.1996 bei. Die selbst niedergelegten Ausführungen sind noch dadurch verstärkt worden, daß der Zeuge W. den Angeklagten über einen längeren Zeitraum hinweg im Sitzungssaal während der Hauptverhandlung gesehen hat. Es wird auch vermerkt, daß die Kammer keine Möglichkeit sieht, mindestens 5 weitere Mohren zur Gegenüberstellung zu finden, die dem Angeklagten gleichen oder ähnlich sind."

Mit dem in Rede stehenden Antrag hatte die Verteidigung also eine Gegenüberstellung beantragt. Die Gegenüberstellung ist nun aber eine Form des Experimentalbeweises.

Der Experimentalbeweisantrag ist demgemäß ein Antrag, der darauf gerichtet ist, daß bestimmte reproduzierbare Geschehensabläufe als Beweismittel verwandt werden bzw. daß bestimmte Beweismittel in einer bestimmten Konstellation zueinander benutzt werden sollen. Zur Verdeutlichung ist möglicherweise ein weiteres Beispiel angezeigt.

---

1 Wächtler StV 1997, 51.

Die Angeklagte ist wegen Kaufhausdiebstahls angeklagt. Der Verteidiger stellt in der Hauptverhandlung unter Beweis,

> daß es nicht möglich ist, die hier in Frage stehende Lederjacke in den von der Angeklagten getragenen Rock zu stopfen,
>
> durch
>
> Augenscheinnahme der vorhandenen Lederjacke sowie des von der Angeklagten getragenen Rockes mit entsprechender Demonstration, womit die Angeklagte einverstanden ist, auch Sachverständigengutachten notfalls.[2]

Es sollen also nicht nur die Lederjacke und der Rock in Augenschein genommen werden; diese beiden Gegenstände sollen zur Augenscheinseinnahme noch in eine bestimmte Konstellation gebracht werden.

Auch die Wahlgegenüberstellung eines Zeugen mit einem Dutzend ähnlich wirkender Personen, einschließlich des Angeklagten, zum Zwecke der Identifizierung war eingangs als Beispiel für das Experiment bzw. den Versuch im Strafprozeß genannt worden.[3] Dabei werden die Begriffe „Experiment" und „Versuch" synonym verwandt. Die Personen werden in Augenschein genommen, und danach macht der Zeuge eine diesbezügliche Aussage. In beiden genannten Beispielen werden die Beweismittel also bei der Beweisgewinnung kombiniert. Soweit vorläufig zum Begriff des Experimentalbeweisantrages.

Bevor die vorliegende Arbeit sich in ihrem Hauptteil mit dem Experimentalbeweisantrag im Strafprozeß beschäftigt, soll kurz darauf eingegangen werden, welchen Erkenntniswert es besitzt, sich mit Fragen des Experimentalbeweisantrages eingehender zu beschäftigen. Es soll verdeutlicht werden, worin der wissenschaftliche Reiz des Themas liegt.

Zu diesem Zweck weiten wir zunächst den Blick und richten ihn auf den Strafprozeß insgesamt:

Im komplexen Geschehen des deutschen Strafprozesses besitzt das Prozeßrecht gegenüber dem materiellen Recht eine dominierende und bei weitem überragende Bedeutung. Mag es in anderen Gerichtszweigen, wie dem Finanzprozeß, dem Verwaltungsprozeß oder dem Zivilprozeß, primär um die dogmatische Qualifizierung, das heißt definitorische Bewertung und die daraus resultierende korrekte Einordnung von – im wesentlichen – feststehenden Sachverhalten gehen, mögen dort prozessuale Differenzen und Erwägungen nur eine untergeordnete Rolle spielen: Dem Strafprozeß geben prozessuale Fragen das Gepräge.

Aufgrund der Schärfe der Sanktionsmöglichkeiten des Staates, die tief in die Freiheit und die Lebensgestaltung des Beschuldigten eingreifen, aufgrund der umfassenden sozialen Ächtung des Verurteilten, aufgrund des dramatischen,

---

2 OLG Düsseldorf StV 1991, 295.

3 KK-Herdegen § 244 Rdn. 15.

häufig sogar traumatischen Einschnitts, welchen das Opfer durch die Straftat erfährt, wird von den Prozeßbeteiligten und dem Gericht ein heftiger institutionalisierter prozessualer Kampf innerhalb des Ordnungsrahmens der Strafprozeßordnung für die jeweils eigenen Interessen geführt.

Von der Zuweisung eines Sitzplatzes an den Angeklagten, weiter über Besetzungsfragen des Gerichts, den Ausschluß der Öffentlichkeit bis hin zum Unterbrechungsantrag wegen der Vorbereitung des Plädoyers, dies und ähnliches sind die Positionen, um welche die Prozeßbeteiligten ringen. Im Zentrum des Interesses im Strafprozeß steht dabei aber die Frage des Tatnachweises, die Frage also, ob und in welchem Umfang dem Beschuldigten die durch die Anklage bezeichnete Tat mit den strafprozessual zulässigen Mitteln nachgewiesen werden kann.

Und bei diesem Ringen um die Wahrheitsermittlung im prozessualen Geschehen nimmt die bei weitem wichtigste Stellung der Beweisantrag ein.[4] Diese faktische Bedeutung des Beweisantrages ist dadurch bedingt, daß der Beweisantrag das Korrelat der Verfahrensbeteiligten zu der Verfahrensmacht des Gerichts im Prozeßablauf und bei der Stoffsammlung sowie dessen Definitionsbefugnis, die im Urteil zum Ausdruck kommt, darstellt. Denn entscheidende Maximen des Strafprozesses sind der Amtsermittlungsgrundsatz, das Recht der freien richterlichen Beweiswürdigung und die Konzentrationsmaxime.

Diese Maximen können möglicherweise den wohlverstandenen – oder auch nur subjektiven – Interessen eines der Verfahrensbeteiligten zuwiderlaufen. Mit dem Instrument des Beweisantrages ist den Verfahrensbeteiligten nun aber ein Mittel in die Hand gegeben, steuernd und lenkend auf die Beweisaufnahme einzuwirken.

- Zwar hat das Gericht das Monopol bei der Beweiswürdigung gemäß § 261 StPO, es ist dabei aber (seit neuerer Zeit) zunehmender revisionsrechtlicher Kontrolle unterworfen.[5] Doch hat der Beweisantragsteller in dem von § 244 StPO gegebenen Rahmen die Möglichkeit, durch den Beweisantrag gegenüber dem Richter bei der Auswahl des zu würdigenden Beweisstoffs lenkend einzugreifen, einem in die Irre gehenden Gericht Hürden aufzubauen und einem Gericht, das mit vorgefaßten Meinungen unwillig den Beweisstoff in der Hauptverhandlung erhebt – peccatur intra et extra muros –, die Räume für eine Verurteilung eng zu machen, so daß der Begründungsaufwand im Urteil größer und somit die Schlupflöcher für eine Verurteilung angesichts revisionsrechtlicher Kontrolle des abgelehnten Beweisantrages immer kleiner werden.
- Einerseits legt der Amtsermittlungsgrundsatz die Aufklärung des Sachverhalts in staatliche Hände und nicht in die Hände der Parteien, § 244 Abs. 2 StPO. Es herrscht also das Offizialprinzip, kein kontradiktorisches Muster. Doch das

4 Alsberg/Nüse/Meyer, S. VII.

5 Löwe/Rosenberg-Hanack, 25. Aufl., § 337 Rdn. 144; Fezer, Möglichkeiten einer Reform der Revision in Strafsachen, S. 130 ff.

Beweisantragsrecht ist das ergänzende notwendige kontradiktorische Element. Denn insbesondere die Konzentrationsmaxime, zum Schutze der knappen (oder künstlich verknappten) Ressource Recht, gebietet dem Gericht, eine sinnvolle Auswahl unter sämtlichen möglichen Beweismitteln zu treffen. Denn die Amtsaufklärungspflicht gebietet nicht etwa, jeden theoretisch möglichen Beweis zu erheben.[6] Notwendig ist es nur, Beweise in dem Umfang zu erheben, bis kein vernünftiger Zweifel mehr besteht. Wird also bei einer öffentlichen Kundgebung vor 10.000 Zuschauern ein Politiker Opfer eines Attentats, müssen nicht etwa alle 10.000 Zuschauer als Zeugen geladen werden. Hier ist unter Umständen der Aufklärungspflicht Genüge getan, wenn das Gericht ein Dutzend Zeugen vernimmt.

Der Beschuldigte kann aber auf dieses ihm nicht genehme Beweisergebnis versuchen, Einfluß zu nehmen, indem er einen Entlastungszeugen per Beweisantrag benennt. Auch Staatsanwaltschaft und Nebenkläger können auf diesem Wege versuchen, auf die Stoffsammlung Einfluß zu nehmen.

Aufgrund dieser geschilderten Spannungslagen zwischen den Prozeßmaximen einerseits und den Interessen der Verfahrensbeteiligten andererseits hatte das Reichsgericht – mit glücklicher Hand[7] – eine Judikatur entwickelt, die das Recht des Beweisantrages geprägt hat. Danach setzt der Grundsatz der freien Beweiswürdigung die Pflicht voraus, die vollständige materielle Wahrheit zu erforschen. Daraus folge – so das Reichsgericht –, daß ein vom Angeklagten über wesentliche Punkte in zulässiger Weise angetretener Beweis zu erheben sei.[8]

Der Gesetzgeber hat nach 1945 den vom Reichsgericht entwickelten Katalog von Gründen, aufgrund derer ein Beweisantrag abgelehnt werden darf, in eine gesetzliche Form gebracht. Das Gericht hat danach grundsätzlich einen beantragten Beweis zu erheben, wenn nicht zumindest einer der gesetzlichen Ausschlußgründe des § 244 Abs. 3-5 StPO vorliegt. Daher haben die Prozeßbeteiligten heute grundsätzlich ein subjektives Recht auf Erhebung von Beweisen, wenn sie einen förmlichen Beweisantrag stellen.

Fraglich ist allerdings, ob sie auch ein subjektives Recht auf die Erhebung von Experimentalbeweisen besitzen.

Dies ist die zentrale Frage der Untersuchung. Die Arbeit soll also zum einen zur Klärung beitragen, wie das Begehren der Beteiligten dogmatisch einzuordnen ist, ein solches Experiment im Prozeß, regelmäßig in der Hauptverhandlung, vorzunehmen. Zum zweiten soll die Arbeit dazu beitragen zu klären, wie einzelne Fälle

---

6 BGH StV 1994, 169 (170) mit Anmerkung Strate (172) = NStZ 1994, 247 (248) mit Anmerkung Widmaier; KK-Herdegen § 244 Rdn. 21, Kleinknecht/Meyer-Goßner § 244 Rdn. 12.

7 Sarstedt/Hamm, S. 198 Rdn. 247.

8 Herdegen, S. 22; RGSt 1, 189 (190 f).

von Experimenten (das heißt Gegenüberstellungen, experimentelle Erprobungen und Anträge auf Rekonstruktionen) im Verfahrensgang zu behandeln sind.

Es ist also zu untersuchen, ob die einzelnen Prozeßsubjekte – wie beispielsweise die Verteidigung – einen Anspruch darauf haben, daß das Gericht diesem Begehren nachkommt, oder ob das Gericht insoweit nur an ein pflichtgemäßes Ermessen gebunden ist oder möglicherweise sogar keinen Bindungen unterliegt, der Experimentalbeweisantrag also nur als unverbindliche Anregung einzustufen ist.

Diese Fragen tauchen aber nur dann auf, wenn Zweifel daran bestehen, ob der Experimentalbeweisantrag ein herkömmlicher Beweisantrag im Sinne des § 244 Abs. 3-5 StPO ist:

Das Problem des Experimentalbeweisantrages ergibt sich daraus, daß das Experiment sich nicht friktionslos in den Kreis der herkömmlichen Beweismittel des Strafprozesses einreihen läßt. Die Strafprozeßordnung kennt für Fragen des Schuld- und Strafnachweises nur den Strengbeweis, der Freibeweis dagegen ist nicht zulässig.[9] Strengbeweis bedeutet, daß der Beweis nur und ausschließlich mit den gesetzlich zugelassenen Beweismitteln geführt werden kann und darf. Als gesetzliche Beweismittel kennt die Strafprozeßordnung einerseits den Sachverständigen (§§ 72 ff.) und den Zeugen (§§ 48 ff.) als Personalbeweis und andererseits den Augenschein (§§ 72 ff.) und die Urkunde (§§ 249 ff.) als Sachbeweis.[10] Die Einlassung des Beschuldigten (§ 136) darf zwar im Urteil als Beweismittel verwandt werden, ist aber im förmlichen Sinne kein Beweismittel.[11] Ein Urteil darf, will es nicht der Revision anheimfallen, sich in Straf- und Schuldfragen nur auf Tatsachen stützen, die unmittelbar durch diese genannten Beweismittel in die Hauptverhandlung eingeführt wurden. Das Telefongespräch des Richters mit Beamten des Bundeskriminalamts, mit Eltern, Nachbarn und Tatzeugen wäre zu Beweiszwecken im Urteil nicht zulässig, wohl aber für Verfahrensfragen, wie zum Beispiel den Haftbefehl.

Versuche und Experimente unterscheiden sich von den genannten klassischen Beweismitteln des Strengbeweises aber dadurch, daß mit einem Experimentalbeweisantrag die Beweismittel in einer bestimmten Anordnung, in einer bestimmten Reihenfolge oder in einem bestimmten Verhältnis zueinander verwandt werden sollen. Es soll vorab kurz skizziert werden, was damit gemeint ist.

Normalerweise werden Zeugen und Sachverständige vernommen, Urkunden verlesen[12] und alle anderen Beweismittel werden in Augenschein genommen,

---

9 Kleinknecht/Meyer-Goßner § 244 Rdn. 5-7.

10 Kleinknecht/Meyer-Goßner Einl. Rdn. 49.

11 Kleinknecht/Meyer-Goßner § 244 Rdn. 1.

12 Kleinknecht/Meyer-Goßner § 249 Rdn. 3.

das heißt, über den Wortsinn hinaus wird Beweis erhoben durch Sehen, Schmecken, Riechen, Tasten und Hören (des Klanges, nicht des Inhalts).[13]

Dieser Kreis der Beweismittel soll nun nach herrschender Meinung nicht erweiterbar, sondern abschließend sein.[14] Man spricht insoweit vom Numerus clausus der Beweismittel.

Soll aber zum Beispiel geprüft werden, ob die Täterin eines Diebstahls die Jakke unter ihrem Rock hat verbergen können, ob ein Handschuh einem Täter paßt, ob ein Entführungsopfer in eine Kiste im Kofferraum eines Kraftfahrzeugs paßt, oder ob ein unmittelbarer Tatzeuge den Beschuldigten bei einer Wahlgegenüberstellung mit zwölf Vergleichspersonen als Täter identifiziert, so erstrebt der Antragsteller einen Beweis, bei dem die Beweismittel nicht in der herkömmlichen oder klassischen Form verwandt werden. So werden bei der Wahlgegenüberstellung gleichzeitig mehrere Formen der Beweisaufnahme in einer durch den Beweisantrag geforderten Weise miteinander kombiniert. Durch den Experimentalbeweisantrag wird also bei einer Gegenüberstellung nicht nur der Zeuge vernommen, sondern dieser soll erst bestimmte Personen in Augenschein nehmen. Danach wird seine Zeugenaussage über seine visuelle Wahrnehmung als Beweismittel verwandt.

Daher kann hier gefragt werden, ob dieser (Experimental-)Beweisantrag mit dem Grundsatz des Numerus clausus der Beweismittel kollidiert.[15]

Der Experimentalbeweisantrag erstrebt also Beweis durch ein Mittel, welches in dieser Form bisher noch nicht existiert, sondern durch eine allgemein reproduzierbare oder vom Gericht zu produzierende Art und Weise gerade in der Zukunft erst noch gewonnen werden soll. Der Experimentalbeweisantrag ist also darauf gerichtet, das Beweismittel nicht in der herkömmlichen Art und Weise zu benutzen, sondern die Modalitäten der Benutzung des Beweismittels genau umrissenen Anforderungen zu unterstellen.

Da der Experimentalbeweis nicht der herkömmlichen Art und Weise der Beweisgewinnung entspricht, fragt sich daher, ob der Antragsteller einen Anspruch auf Erhebung des Beweises hat, oder ob das Gericht bei der Bescheidung nur an das pflichtgemäße Ermessen gebunden ist.

Fraglich ist weiter, ob der Experimentalbeweisantrag bei genauer Betrachtung gemäß den Regeln des Beweisantrages gemäß § 244 Abs. 3-5 StPO zu behandeln ist, oder ob statt dessen diese Regeln analog anzuwenden sind, oder ob etwa einer Anwendung der Numerus clausus der Beweismittel entgegensteht.

---

13 BGHSt 18, 51 (53).

14 KK-Herdegen § 244 Rdn. 13 m.w.N.

15 KK-Herdegen § 244 Rdn. 15.

Verstieße der Experimentalbeweisantrag gegen den Numerus clausus der Beweismittel, wäre zu fragen, welche Konsequenzen sich daraus ergäben:

Dürfte ein Urteil auf dieses Beweismittel nicht gestützt sein oder hieße dies nur, daß ein Anspruch des Antragstellers auf Beweiserhebung nicht bestünde?

Weiter ist fraglich, ob bestimmte Personen, wie zum Beispiel Zeugen, eine Mitwirkungspflicht bei diesen Experimenten trifft und ob diese etwaige Mitwirkungspflicht Einschränkungen unterliegt.[16]

Entsprechend der obigen Einordnung des Experiments schließen sich folgende Fragen an: Es ist zu klären, wer Antragsberechtigter des Experimentalbeweisantrages ist, wer diesen Experimentalbeweisantrag bescheidet,[17] und ob der Beweisantrag in das Hauptverhandlungsprotokoll aufgenommen werden muß.

Zudem ist die Frage relevant, wie der Experimentalbeweisantrag in der Revision zu beurteilen ist, wie hoch also die Kontrolldichte bei der Handhabung dieses Instruments einzuschätzen ist.

Als vorläufiges Fazit bleibt festzuhalten, daß der Experimentalbeweisantrag für die Praktiker des Strafprozesses einen wichtigen, häufig wiederkehrenden Bereich ihrer täglichen Arbeit darstellt. Es handelt sich nicht etwa um ein abstraktes, theoretisches Problem. Man denke insoweit zum Beispiel nur an die Wahlgegenüberstellung, § 58 Abs. 2 StPO.

Die Frage des Experimentalbeweisantrages ist also akademisch interessant und praktisch relevant, ja zum Teil von prozeßentscheidender Bedeutung. Grund genug, das Problem einer eingehenden Betrachtung zu unterziehen.

---

16 Löwe/Rosenberg-Dahs vor § 48 Rdn. 7.

17 Eisenberg, S. 103 Rdn. 160 m.w.N.

Hauptteil

Erster Abschnitt
Begriffsdefinitionen

Im Zweiten Abschnitt der Arbeit soll untersucht werden, wie der Antrag auf Vornahme von Experimenten im Hauptverfahren zutreffend zu qualifizieren ist. Dabei werden die unterschiedlichen bisherigen Auffassungen in der Rechtsprechung und der Literatur einer tiefergehenden Betrachtung zu unterziehen sein.

Zu klären ist, ob es sich um einen echten Beweisantrag gemäß § 244 Abs. 3-5 StPO handelt oder um einen Beweisermittlungsantrag, welcher nach § 244 Abs. 2 StPO zu beurteilen ist, bzw. ob eine bloße Beweisanregung vorliegt.

1. Läge ein echter Beweisantrag vor, so hätten die Prozeßbeteiligten generell einen Anspruch auf Erhebung des Experimentalbeweises. Der Beweisantrag gemäß § 244 Abs. 3-5 StPO ist echter Antrag[18]; seine Ablehnung kann nur aus den Gründen des § 244 Abs. 3-5 StPO erfolgen; die Entscheidung des Gerichts ist voll revisibel.
2. An zweiter Stelle mit geminderter Eingriffsintensität steht der Beweisermittlungsantrag. Auch er ist echter Antrag[19]; seine Ablehnung erfolgt gemäß § 244 Abs. 2 StPO, der sog. Aufklärungspflicht. Die nicht sachgerechte Bescheidung eines Beweisermittlungsantrages kann lediglich mit der Aufklärungsrüge geltend gemacht werden. Die Kontrolldichte des Revisionsgerichts ist damit aber gegenüber der Kontrolldichte beim Beweisantrag erheblich vermindert.
3. Erst an dritter Stelle, mit der geringsten Eingriffsintensität, ist die Beweisanregung zu plazieren. Es handelt sich um keinen echten Antrag, sondern nur um einen Hinweis an das Gericht[20]. Daher ist keine förmliche Ablehnung notwendig; allenfalls kann sich aus einer Information, welche die Beweisanregung enthält, eine gesteigerte Aufklärungspflicht des Gerichts gemäß § 244 Abs. 2 StPO ergeben.

Bei der Diskussion der Frage des Experimentalbeweisantrages werden Begriffe wie Beweisantrag, Beweisermittlungsantrag, Beweisanregung, Experimentalbeweis (bzw. Experimentalbeweisantrag) und der Numerus clausus der Be-

---

18 Alsberg/Nüse/Meyer, S. 34.

19 AK-Schöch § 244 Rdn. 56.

20 KK-Herdegen § 244 Rdn. 56, a.A.: Alsberg/Nüse/Meyer, S. 65 f., bezeichnen die Beweisanregung als „Beweiserbieten“.

weismittel eine zentrale Rolle spielen. Daher sollen diese Begriffe auf der Basis des geltenden Sach- und Streitstandes an dieser Stelle definiert werden, um mit den dann „ausgefeilten“ Begriffen operieren zu können:

I. Definition des Begriffs „Beweisantrag“

Ein Beweisantrag ist das von einem am Verfahren Beteiligten oder für einen solchen vorgebrachte ernsthafte Verlangen, daß Beweis über eine *bestimmt* bezeichnete, die Schuld- oder Rechtsfolgenfrage betreffende *Tatsache* durch den Gebrauch eines *bestimmt* bezeichneten, nach der Strafprozeßordnung zulässigen *Beweismittels* erhoben werde[21].

Jeder Beweisantrag muß also zwei notwendige Elemente enthalten. Zum einen muß eine bestimmte *Beweistatsache* bezeichnet werden, zum anderen muß ein bestimmtes *Beweismittel* angegeben werden.

Der echte Beweisantrag formuliert daher:

> „Es wird beantragt,
>
> > zum Beweis der Tatsache, daß der Angeklagte sich zur Tatzeit nicht am Tatort A, sondern in B aufgehalten hat,
> >
> > den Zeugen X, wohnhaft Schillerstraße, 11111 Söderbrarup, zu vernehmen.“

Über den Begriff des Beweisantrages besteht ungeteilte Einigkeit.[22] Abweichende Ansichten zum Begriff des Beweisantrages existieren nicht. Es gibt zwar Grauzonen, wann ein Beweisantrag vorliegt und wann nicht mehr. Die Rechtsprechung geht allerdings davon aus, daß ein Beweisantrag als prozessuale Erwirkungshandlung der Auslegung fähig ist.[23] Demnach soll ein Beweisantrag auch dann vorliegen, wenn der Antrag zwar mangelhaft formuliert ist, dieser Mangel aber durch Auslegung geheilt werden kann.

Wenn zum Beispiel ein Beweisantrag keine bestimmte Beweistatsache angibt, wenn also nicht formuliert wird,

> „zum Beweis der Tatsache,
>
> > daß der Angeklagte zur Tatzeit sich nicht am Tatort A, sondern in B aufgehalten hat“,

sondern statt dessen,

---

21 BGHSt 1, 29 (31); 6, 128 (129); BGH StV 1982, 55; Alsberg/Nüse/Meyer, S. 36; Löwe/Rosenberg-Gollwitzer, 24. Auflage, § 244 Rdn. 94; Kleinknecht/Meyer-Goßner § 244 Rdn. 18; KK-Herdegen § 244 Rdn. 43; Roxin, Strafverfahrensrecht, § 43 Rdn. 5; Peters, Strafprozeß, S. 306; Kühne, Strafprozeßlehre, Rdn. 433.

22 Vgl. Löwe/Rosenberg-Gollwitzer § 244 Rdn. 94.

23 BGH StV 1982, 55; KK-Herdegen § 244 Rdn. 47 m.w.N.

„der Zeuge X soll gehört werden, ob der Angeklagte zur Tatzeit sich in B aufgehalten hat“.

Diese mangelhafte Formulierung soll dann nicht schaden, wenn aus den Umständen dem Tatgericht erkennbar ist, daß die Tatsache für den Antragsteller keine offene Frage darstellt, sondern ein feststehendes Faktum ist.

Beim Begriff des Beweisantrages wird auch von einem „echten“ Beweisantrag gesprochen. Die Begriffe „Beweisantrag“ und „echter Beweisantrag“ sind identisch. Das kennzeichnende Adjektiv „echt“ wird hinzugesetzt, um Beweisanträge im eigentlichen Sinne abzugrenzen von Anträgen, die äußerlich in die Form eines Beweisantrages gekleidet sind, denen aber angeblich die Qualität eines Beweisantrages fehlen soll. Es soll sich dann gegenüber dem Beweisantrag um ein Minus handeln, etwa um eine Beweisanregung. So spricht ein Teil der Literatur dem Beweisantrag im Zwischenverfahren gemäß § 201 StPO die Qualität eines Beweisantrages ab.[24]

Folglich treffen *Alsberg/Nüse/Meyer* eine feinsinnige Unterscheidung:[25] Sie gehen davon aus, daß der Begriff des Beweisantrages in der Strafprozeßordnung nicht einheitlich gebraucht wird.[26] Die Berechtigung des Beschuldigten, schon im Vorverfahren einzelne Beweise zu beantragen, qualifizieren Alsberg/Nüse/Meyer statt dessen nur als Beweisanregungen.[27] Dieses Problem entsteht aber dadurch, daß Alsberg/Nüse/Meyer diesen Antrag gemäß § 163 a Abs. 2 StPO im Vorverfahren als Rechtsfolge nur dem richterlichen Ermessen unterstellen wollen.

Folglich muß der Beweisantrag gemäß § 163 a Abs. 2 StPO auf der Tatbestandsebene, das heißt terminologisch, anders eingekleidet werden. Fraglich ist aber insoweit, ob ein einheitlicher Sprachgebrauch des Gesetzes nicht auch einen einheitlichen Gebrauch in der Rechtsanwendung postuliert. Dies sollte möglicherweise nur dann anders sein, wenn anderenfalls untragbare Ergebnisse gezeitigt würden, der Gesetzgeber also zwingend etwas anderes gemeint haben muß, obwohl er einen identischen Begriff verwendet. Möglicherweise werden aber auch im Rahmen von § 163 a Abs. 2 StPO durch eine analoge Anwendung von § 244 Abs. 3-5 StPO durchaus interessengemäße Ergebnisse erzielt.[28] Diese Frage, die weiter unten noch zu entscheiden sein wird, muß hier nicht geklärt werden.

Über die begriffliche Fixierung des dogmatischen Begriffs „Beweisantrag“ besteht jedenfalls kein Streit, mag auch eventuell der Gebrauch des Begriffs „Beweisantrag“ in der Strafprozeßordnung nicht einheitlich sein. Das Problem, in

---

24 Kleinknecht/Meyer-Goßner § 201 Rdn. 8 m.w.N.

25 Alsberg/Nüse/Meyer, S. 34.

26 Alsberg/Nüse/Meyer, S. 34.

27 Alsberg/Nüse/Meyer, S. 34.

28 Löwe/Rosenberg-Rieß § 201 Rdn. 30.

das Alsberg/Nüse/Meyer geraten, ergibt sich dadurch, daß sie – wie eben schon erläutert – diesem Antrag gemäß § 163 a Abs. 2 StPO eine andere inhaltliche Qualität zuerkennen wollen, als der Wortsinn nahelegt. Dennoch verstehen auch Alsberg/Nüse/Meyer den Beweisantrag inhaltlich so wie die gesamte übrige Literatur und Rechtsprechung. Somit ergibt sich für den „echten" Beweisantrag im Sinne des § 244 Abs. 3-5 StPO noch ein weiteres Identifikationsmerkmal auf der Rechtsfolgenseite.

Das Tatgericht ist verpflichtet, dem Beweisantrag nachzugehen.

Es besitzt insoweit kein – pflichtgemäßes – Ermessen. Dies stellt ja gerade das Wesen des Beweisantrages dar. Er ist eine Erwirkungshandlung mit Unbedingtheitsanspruch.[29] Der Beweisantrag kann nur unter den enumerativ genannten Bedingungen des § 244 Abs. 3-5 StPO abgelehnt werden. Anderenfalls *muß* das Gericht diesem Begehren nachkommen, soll sein Urteil nicht der Revision anheimfallen. Als Rechtsfolge des „echten" Beweisantrages ergibt sich also für das Tatgericht eine Pflicht, dem Beweisantrag nachzugehen. Die unzulässige Ablehnung eines Beweisantrages begründet die Revision wegen Verstoßes gegen § 338 Nr. 8 StPO bzw. Verletzung des § 244 Abs. 3-5 StPO.

Soll der Beweisantrag gemäß § 244 Abs. 3-5 StPO abgelehnt werden, bedarf es eines entsprechenden Gerichtsbeschlusses, § 244 Abs. 6 StPO. Dieser ist mit Gründen zu versehen (§§ 34, 35 Abs. 1 StPO) und mit den Gründen in das Hauptverhandlungsprotokoll aufzunehmen (§ 273 Abs. 1 StPO).

In allen Verfahrensstadien ist mit dem Begriff des Beweisantrages also inhaltlich dasselbe gemeint.

Davon zu unterscheiden ist die Frage, ob in den einzelnen Stadien des Verfahrens den Anträgen der Verfahrensbeteiligten auf Beweiserhebung die Qualität eines Beweisantrages zuerkannt werden muß oder eben nicht. Letztere Frage wird weiter unten zu beantworten sein.

II. Definition des Begriffs „Beweisermittlungsantrag"

Immer wenn dem Beweisantrag ein konstitutives Element fehlt, soll es sich nach allgemeiner Ansicht um einen Beweisermittlungsantrag handeln. Die Definition des Beweisermittlungsantrages lautet folgendermaßen:

Ein Beweisermittlungsantrag liegt vor, wenn es einem Antrag der Prozeßsubjekte entweder an einer bestimmt bezeichneten Tatsache oder an einem bestimmt bezeichneten Beweismittel fehlt.[30] Der Beweisermittlungsantrag zielt also darauf ab, daß die Beweistatsache oder das Beweismittel gesucht (und gefunden!) wer-

---

29 Über Erwirkungshandlungen: Alsberg/Nüse/Meyer, S. 34 Fußnote 3 m.w.N.

30 BGHSt 37, 162 (167).

de.[31] Beweisermittlungsanträge sind also Anträge zur Schuld- oder Rechtsfolgenfrage, deren Zweck darin besteht, dem Antragsteller von einem ihm bis dahin unbekannten Beweismittel Kenntnis zu verschaffen oder neue, ihm bisher unbekannte, möglicherweise zur Wahrnehmung seiner Interessen geeignete Tatsachen zutagezufördern und ihn dadurch in die Lage zu versetzen, diese Tatsachen zum Gegenstand eines Beweisantrages zu machen.[32]

So könnte zum Beispiel in einem Umweltstrafverfahren ein Beweisermittlungsantrag lauten:

> Es wird beantragt,
>
> > zur weiteren Aufklärung des Sachverhalts die Behördenakten des Regierungspräsidenten in Darmstadt – Obere Wasserbehörde – zum Az.: 001 Wasseraufsichtsamt – 3/97 beizuziehen.

Begründung: Die Behördenakten werden Klarheit über den Umfang der in Rede stehenden Einleiteerlaubnis erbringen.[33]

In diesem Beispiel ist also das Beweismittel noch nicht hinreichend konkretisiert, da es sich unter Umständen um Hunderte von Aktenseiten handeln kann. Zudem fehlt es auch an einer bestimmt bezeichneten Beweistatsache. Der Antrag ist hier nur sehr allgemein auf weitere Sachaufklärung gerichtet.

Der Beweisermittlungsantrag ist ein „echter“ Antrag.[34] Der Antragsteller macht mit seinem auf Sachverhaltsaufklärung abzielenden Verlangen einen Anspruch auf Erfüllung der Aufklärungspflicht gemäß § 244 Abs. 2 StPO geltend.[35] Der Beweisermittlungsantrag ist in der Sitzungsniederschrift zu beurkunden.[36] Die Verletzung dieser Aufklärungspflicht kann in der Revision mit der Aufklärungsrüge erfolgreich ins Feld geführt werden.[37] Die Ablehnung eines Beweisermittlungsantrages bedarf eines begründeten Beschlusses durch den Vorsitzenden.[38] Der Beweisermittlungsantrag findet seine Erledigung durch Beweiserhebungen im Strengbeweisverfahren in der Hauptverhandlung oder durch „Vorklärungen“ im Wege des Freibeweises.[39] Allerdings muß in jedem Falle der ge-

---

31 KK-Herdegen § 244 Rdn. 53.

32 Alsberg/Nüse/Meyer, S. 76 f.

33 Beispiel nach dem Beck'schen Formularbuch für den Strafverteidiger, S. 329 f.

34 Löwe/Rosenberg-Gollwitzer § 244 Rdn. 115; AK-Schöch § 244 Rdn. 56.

35 AK-Schöch § 244 Rdn. 57.

36 Alsberg/Nüse/Meyer, S. 89; KK-Herdegen § 244 Rdn. 55; AK-Schöch 244 Rdn. 58.

37 KK-Herdegen § 244 Rdn. 53.

38 Kühne, Strafprozeßlehre, S. 279 Rdn. 438; KK-Herdegen § 244 Rdn. 55; Löwe/Rosenberg-Gollwitzer § 244 Rdn. 121; Kleinknecht/Meyer-Goßner § 244 Rdn. 27; a.A.: Gössel, S. 251: „§ 244 VI ist einschlägig.“

39 KK-Herdegen § 244 Rdn. 53 m.w.N.

samte Spruchkörper gemäß § 244 Abs. 6 StPO entscheiden, wenn der Beweisermittlungsantrag als Beweisantrag gestellt worden ist.[40]

III. Definition des Begriffs „Beweisanregung"

Bei einer Beweisanregung wird die Beweiserhebung nicht verlangt, sondern nur auf die Möglichkeit von Ermittlungshandlungen hingewiesen, und die weitere Vorgehensweise wird dem Gericht überlassen.[41] Daher ist selbst dann, wenn in der Beweisanregung das Beweisthema und das Beweismittel bestimmt bezeichnet worden sind, ein förmlicher Antrag – im Gegensatz zum Beweisermittlungsantrag – *nicht* gegeben. In einer Beweisanregung würde also formuliert werden:

> Zum Beweis der Tatsache X wird *angeregt,*
>
> den Zeugen Y zu vernehmen.[42]

Es herrscht allerdings Streit darüber, ob die Beweisanregung derart begrifflich einzuordnen ist:

Zum Teil wird zwischen Beweisermittlungsanträgen und Beweisanregung nicht unterschieden. Vielmehr wird der Beweisermittlungsantrag als Unterart der Beweisanregung angesehen, mit der Folge, daß auch die Beweisanregung wie der Beweisermittlungsantrag zu behandeln ist.[43]

Eine weitere Ansicht teilt die hier vertretene Auffassung und sieht die Institute als wesensverschieden an.[44]

Zutreffende Erkenntnis der ersten Auffassung ist, daß die beiden Institute ein gemeinsames Element besitzen. Beide Institute versuchen nämlich, auf die Beweiserhebung des Gerichts Einfluß zu nehmen. Dabei gehen diese beiden Institute aber mit unterschiedlicher Intensität ihr Ziel an:

Die Beweisanregung will kein echter Antrag sein, sondern das Gericht nur auf eine Beweismöglichkeit aufmerksam machen. Zum Teil wird in der Literatur die Ansicht geäußert, dieses – auch als Beweiserbieten bezeichnete[45] – Vorbringen sei zumeist nicht ernsthaft gewollt.[46] Dies muß aber nicht zutreffend sein.

---

40 KK-Herdegen § 244 Rdn. 55; Löwe/Rosenberg-Gollwitzer § 244 Rdn. 121.

41 KK-Herdegen § 244 Rdn. 54, 56; a.A.: Alsberg/Nüse/Meyer, S. 65 f., bezeichnen den hier als „Beweisanregung" bezeichneten Hinweis als „Beweiserbieten".

42 Beispiel nach: Beck'sches Formularbuch für den Strafverteidiger, S. 328.

43 Kleinknecht/Meyer-Goßner § 244 Rdn. 23-25; Alsberg/Nüse/Meyer, S. 65 f.

44 KK-Herdegen § 244 Rdn. 56; Pfeiffer § 244 Rdn. 17, 18; Löwe/Rosenberg-Gollwitzer § 244 Rdn. 127.

45 Alsberg/Nüse/Meyer, S. 66; Kleinknecht/Meyer-Goßner § 244 Rdn. 24.

46 Kleinknecht/Meyer-Goßner § 244 Rdn. 23.

Es kann Situationen geben, in denen die Prozeßsubjekte sich den „favor iudicis" erhalten wollen. Denn häufig reagieren Gerichte empfindlich auf die – jedenfalls wiederholte – Anwendung des Instruments des Beweisantrages. Daher kann es durchaus Prozeßsituationen geben – insbesondere wenn der Begehrende das durch die Beweisanregung gewollte Ergebnis schon für erwiesen hält –, in denen ein Vorgehen unterhalb der Schwelle der Eingriffsintensität eines Beweisantrages oder eines Beweisermittlungsantrages angebracht erscheint. Denn auch ein Beweisermittlungsantrag würde einen begründeten Bescheid des Vorsitzenden notwendig machen. Zudem könnte der Begehrende gegen die ablehnende Entscheidung des Vorsitzenden gemäß § 238 Abs. 2 StPO die Entscheidung des gesamten Spruchkörpers erzwingen.

Dies brächte die Verfahrensbeteiligten aber in eine von Förmlichkeiten geprägte Situation, welche eventuell in der jeweiligen Prozeßsituation gerade gemieden werden soll. Damit wäre jedoch dasjenige, was als „Anregung" gemeint war und was mit den Worten „Anregen" oder „Anheimstellen" dem Gericht ins freie – von der Aufklärungspflicht begrenzte – Belieben gestellt worden war, zu einer förmlichen Waffe erstarkt. Dies soll aber gerade nicht intendiert sein.

Es besteht also ein Bedürfnis nach einem abgestuften Instrumentarium, das folgendermaßen aussehen sollte:

1. Als schärfstes Eingriffsmittel steht an erster Stelle der Beweisantrag. Er ist echter Antrag; seine Ablehnung kann nur gemäß § 244 Abs. 3-5 StPO erfolgen; die Entscheidung des Gerichts ist voll revisibel.
2. An zweiter Stelle mit geminderter Eingriffsintensität steht der Beweisermittlungsantrag. Auch er ist echter Antrag; seine Ablehnung erfolgt gemäß § 244 Abs. 2 StPO, der sog. Aufklärungspflicht. Die nicht sachgerechte Bescheidung eines Beweisermittlungsantrages kann in der Revision mit der Aufklärungsrüge geltend gemacht werden. Die Kontrolldichte des Revisionsgerichts ist damit aber gegenüber der Kontrollbefugnis beim Beweisantrag erheblich vermindert.
3. Erst an dritter Stelle, mit der geringsten Eingriffsintensität, ist die Beweisanregung zu plazieren. Es handelt sich um keinen echten Antrag, sondern nur um einen Hinweis. Daher ist keine förmliche Ablehnung notwendig.[47] Möglicherweise ergibt sich aus einer Information, welche die Beweisanregung enthält, eine gesteigerte Aufklärungspflicht des Gerichts. Demzufolge ist auch die Beweisanregung in dem hier verstandenen Sinne mit der Aufklärungsrüge bedingt revisibel.

In dem hier dargestellten begrifflichen Instrumentarium bestehen also keine begrifflichen Überlappungen zwischen dem Beweisermittlungsantrag und der Beweisanregung.

---

47 AK-Schöch § 244 Rdn. 59; KK-Herdegen § 244 Rdn. 54, 56.

IV. Definition des Begriffs „Experimentalbeweisantrag“

Unter einem Experimentalbeweisantrag ist ein Antrag zu verstehen, der darauf gerichtet ist, im Strafverfahren methodisch – planmäßig, künstlich und damit reproduzierbar – Umstände in sachlicher oder persönlicher Hinsicht zu Beweiszwecken herbeizuführen.[48] Dabei ergeben sich spezifische Einschränkungen in der wiederholten Durchführbarkeit von Experimenten in Disziplinen wie etwa Psychologie, Astronomie und Soziologie.[49] Im Gegensatz zum herkömmlichen Beweisantrag zielt der Experimentalbeweisantrag nicht nur auf die Herbeischaffung bestimmter Beweismittel, sondern gleichzeitig insbesondere auf die spezielle Art und Weise, in der diese Beweismittel benutzt werden sollen.[50]

Als Beispiel für einen Experimentalbeweisantrag ist hier etwa der schon genannte Fall anzuführen, daß die Angeklagte eine angebliche entwendete Lederjacke in ihren Rock verbringen und damit gleichzeitig die Unmöglichkeit des Unterfangens darlegen soll.[51]

Ein Antrag, der auf die Durchführung eines Experiments gerichtet ist, unterscheidet sich in spezifischer Weise von einem herkömmlichen Beweisantrag: Ein herkömmlicher Beweisantrag zielt darauf ab, die Beweismittel des strengen Beweises in gängiger Form zu verwenden. So wird also zum Beispiel eine Sache durch Sehen, Hören, Riechen, Tasten oder Schmecken in Augenschein genommen.

Bei einem Experimentalbeweisantrag dagegen soll die inkriminierte Sache in ganz bestimmter Weise verwandt, in eine bestimmte, ungewöhnliche Konstellation gebracht, mit ihr in bestimmter Weise verfahren werden.

Um noch einmal das Ausgangsbeispiel anzuführen: So wird die asservierte Lederjacke von der Angeklagten in den von ihr getragenen Rock verbracht – oder jedenfalls wird dies versucht. Aus der strafprozessualen Perspektive läßt sich also als wesentliches Unterscheidungskriterium ausmachen:

Ein herkömmlicher Beweisantrag zielt auf die Herbeischaffung der zulässigen Beweismittel und auf deren Verwendung entsprechend dem überkommenen Kanon.

Ein Experimentalbeweisantrag dagegen zielt nicht nur auf die Herbeischaffung bestimmter Beweismittel, sondern gleichzeitig insbesondere auf die spezielle Art und Weise, in der diese Beweismittel benutzt werden sollen.[52]

---

48 Meyers Enzyklopädisches Lexikon, Band 8, S. 399, Stichwort: „Experiment“.

49 Meyers Enzyklopädisches Lexikon, Band 8, S. 399, Stichwort: „Experiment“; Odenthal, NStZ 1985, 433, weist zum Beispiel darauf hin, daß wiederholtes Wiedererkennen keinen Beweiswert hat. Weiter zeigen nach seiner Ansicht die Untersuchungen zum Fehlurteil, daß falsches Wiedererkennen eine der Hauptfehlerquellen des Strafprozesses ist.

50 Alsberg/Nüse/Meyer, S. 68.

51 Fall nach OLG Düsseldorf StV 1991, 295.

52 Alsberg/Nüse/Meyer, S. 68.

Unter dieser Definition lassen sich noch weitere Phänomene erfassen: Zu nennen ist die Gegenüberstellung[53], die Untersuchung von Zeugen gemäß § 81 c StPO sowie die Unterbringung zur Beobachtung des Angeklagten nach § 81 StPO.[54]

Bei einer Wahlgegenüberstellung treten ca. ein Dutzend dem Angeklagten äußerlich ähnliche Personen im Gerichtssaal als Objekte des Augenscheins auf. Der Zeuge hat nun die Aufgabe, aus der Reihe der Versuchspersonen einschließlich des Angeklagten diejenige herauszufinden, die nach der Erinnerung des Zeugen der Täter sein soll. Dabei kommt es darauf an, daß der Angeklagte unter die übrigen Personen gemischt wird und nicht schon aufgrund seines Sitzplatzes (neben dem Verteidiger) deutlich als Angeklagter erkennbar ist.[55]

Strafprozessual gesehen handelt es sich also darum, daß die Personen zunächst in Augenschein genommen werden. Daran schließt sich eine Vernehmung des Zeugen darüber an, ob er eine Person wiedererkannt hat.[56] Somit werden folglich bei der Einnahme des Augenscheins die Personen in eine bestimmte Konstellation gebracht. Der Zeuge ist bei diesem Augenschein anwesend. Danach macht er eine Zeugenaussage, die diesen Augenschein bewertet und qualifiziert.

Auch bei der Gegenüberstellung wird daher die Art und Weise der Beweiserhebung bestimmten Modalitäten unterworfen, die nicht den Inhalt der Fragen betreffen, sondern den nonverbalen Bereich.

Als weitere Beispiele für Versuche und Experimente können genannt werden, ohne daß diese Aufzählung abschließenden Charakter trägt:

- Fahrversuche[57],
- Bremsversuche[58],
- Trinkversuche[59],
- Prüfung der Stimmstärke[60],
- die Rekonstruktion des Tatverlaufs[61]
- und auch Experimente zur Prüfung der Glaubwürdigkeit.[62]

---

53 Löwe/Rosenberg-Dahs § 86 Rdn. 33.

54 Ebenso: Alsberg/Nüse/Meyer, S. 68; Kleinknecht/Meyer-Goßner § 244 Rdn. 26.

55 Vgl. Nr. 18 RiStBV; Beck'sches Formularbuch für den Strafverteidiger, S. 225 f.; Odenthal NStZ 1985, 433.

56 Löwe/Rosenberg-Dahs § 86 Rdn. 33.

57 BGH VRS 35, 264 (266).

58 Alsberg/Nüse/Meyer, S. 235.

59 BGHSt 10, 265 (267).

60 Löwe/Rosenberg-Dahs § 86 Rdn. 33; Alsberg/Nüse/Meyer, S. 235.

61 BGH NJW 1961, 1486 f.

62 Alsberg/Nüse/Meyer, S. 235.

V. Definition des Begriffs „Numerus clausus der Beweismittel"

Der beschränkte Kreis der Beweismittel besagt, daß Tatsachen, die für die Schuld- und Straffrage bedeutsam sind, in öffentlicher und mündlicher Hauptverhandlung durch den in der Strafprozeßordnung vorgesehenen Kanon der Beweismittel bewiesen werden müssen. Zu den Beweismitteln gehören: Zeugen (§§ 48 f. StPO), Sachverständige und Augenschein (§§ 42 f. StPO) und Urkunden (§ 249 StPO), ferner die Aussagen des Beschuldigten (§§ 136, 163 a Abs. 1, 243 Abs. 3 StPO) bzw. des Mitbeschuldigten (vgl. § 251 Abs. 1, 2), obwohl, systematisch gesehen, deren Einlassungen nicht zur Beweisaufnahme gehören, vgl. § 244 Abs. 1 StPO.

Dieser Kreis der Beweismittel soll erschöpfend sein.[63]

Dabei sollen die Beweismittel angeblich nur in der für sie typischen Weise verwandt werden dürfen, das heißt, die persönlichen Beweismittel werden vernommen, Urkunden werden verlesen und der Augenschein wird durch die fünf Sinne (Sehen, Schmecken, Riechen, Tasten, Hören) genommen.

Eine abweichende Ansicht ist allerdings der Auffassung, daß es keinen geschlossenen Kreis der Beweismittel gibt.[64] Diese Auffassung ist aber abzulehnen; damit wäre das Telefonat des Richters mit dem Zeugen bei eingeschalteter Mithöreinrichtung in der Hauptverhandlung möglich. Es widerspräche aber dem Ernst, der Tragweite und der Bedeutung des Strafverfahrens und der damit einhergehenden Sanktionen, wenn man insoweit das Freibeweisverfahren zuließe.

Der unmittelbare Eindruck, den ein Zeuge während seiner Vernehmung vermittelt, ist von herausragender Bedeutung. Sein Erröten, sein Erbleichen, seine Gesten, die Unruhe, die bei Zeugen bei einigen Fragen aufkommt, oder aber die Ruhe, die der Zeuge bei der gesamten Vernehmung ausstrahlt, sind von überragender Wichtigkeit zur Beurteilung seiner Glaubwürdigkeit. Zudem ist bei einer nicht direkten – und in diesem Falle nur auditiven – Kommunikation die Spontaneität der Kommunikation stark eingeschränkt. Wenn der Zeuge nicht persönlich anwesend ist, wird er regelmäßig nicht so spontan und schnell antworten müssen und daher nicht so stark unter Druck geraten, wie dies bei einer unmittelbaren Befragung möglich ist. Ihm würde ein größerer zeitlicher Spielraum zur Überlegung bleiben.

Aus den genannten Gründen ist der Ansicht, daß es einen Numerus clausus der Beweismittel gebe, zuzustimmen.

Fraglich ist – insbesondere im Hinblick auf den Experimentalbeweisantrag –, ob bei *gleichzeitiger* Benutzung mehrerer Beweismittel (zum Beispiel Zeugenaussa-

---

63 BGH NJW 1961, 1486 (1487); Alsberg/Nüse/Meyer, S. 167; Pfeiffer § 244 Rdn. 6; Kleinknecht/Meyer-Goßner Einl. Rdn. 49.

64 BGH NJW 1960, S. 2156; Dallinger MDR 1956, 143 (145); RGSt 36, 55.

gen und Augenscheinseinnahme) der Grundsatz des Numerus clausus der Beweismittel verletzt ist. Diese Frage soll weiter unten im Rahmen der Behandlung des Antrages auf Experimentalbeweis in der Hauptverhandlung einer Beantwortung zugeführt werden.[65]

65 Vgl. Pfeiffer § 244 Rdn. 6; BGH StV 1987, 5; KK-Herdegen § 244 Rdn. 15.

Zweiter Abschnitt
Die Behandlung des Antrages auf Vornahme von Experimenten in den einzelnen Abschnitten des Strafverfahrens

1. Teil
Der Antrag auf Vornahme von nichtpräsenten Experimenten in der Hauptverhandlung

A. Darstellung des Sach- und Streitstandes

Die Hauptverhandlung beendet nach durchgeführtem Vor- und Zwischenverfahren die jeweilige Instanz. Chronologisch betrachtet müßte also die nun folgende Betrachtung erst im 4. Teil dieses Abschnitts erfolgen. Es soll aus zwei Gründen davon abgewichen werden:

Zum einen liegt das empirische Schwergewicht der Beweisanträge und der Beweisaufnahme in der Hauptverhandlung. Aus Rationalisierungsgründen erfährt eine auf Beweiserhebung gerichtete Anregung eines Verfahrensbeteiligten im Vor- und Zwischenverfahren zumeist den Hinweis durch das Gericht, daß für Beweiserhebungen die Hauptverhandlung und nicht das Vor- oder Zwischenverfahren der prädestinierte Ort sei.

Der zweite Grund ist darin zu sehen, daß zum Teil in anderen Verfahrensstadien als der Hauptverhandlung dem Beweisantrag *generell* nicht die Qualität eines „echten" Beweisantrages zuerkannt wird.[66] Die Diskussion über den Experimentalbeweisantrag läßt sich daher im Stadium der Hauptverhandlung am anschaulichsten führen, weil in jenem Stadium die Qualität eines Beweisantrages als „echter" Beweisantrag unstreitig ist.

Zunächst sollen in diesem ersten Teil des Zweiten Abschnitts in Kapitel A. die in der Rechtsprechung und Literatur vertretenen Meinungen referiert und erläutert werden, um daran anschließend in Kapitel B. eine Gewichtung und Diskussion der Argumente vorzunehmen und somit zu einer eigenen Einschätzung des Experimentalbeweisantrages zu gelangen.

---

66 Alsberg/Nüse/Meyer, S. 336; Kleinknecht/Meyer-Goßner § 163 a Rdn. 15.

I. Qualifizierung als „echter" Beweisantrag gemäß § 244 Abs. 3-5 StPO

Eine im Vordringen befindliche Meinung betrachtet den Experimentalbeweisantrag als „echten" Beweisantrag gemäß § 244 Abs. 3-5 StPO.[67]

Erstaunlicherweise setzen sich die angeführten Entscheidungen und auch die Wissenschaft nicht argumentativ mit den Gegenmeinungen auseinander. Es erfolgt auch keine Begründung, warum der Experimentalbeweisantrag als „echter" Beweisantrag angesehen wird. Die Entscheidungen übergehen den Meinungsstreit, indem sie ihn nicht erwähnen. Möglicherweise stellt sich die Frage des Experimentalbeweises für die angeführten Entscheidungen als ein Scheinproblem dar, dem durch eine Erwähnung nicht eine Bedeutung beigemessen werden soll, die es nach Meinung der angeführten Gerichte nicht besitzt. Apodiktisch gehen alle genannten Entscheidungen davon aus, daß der Experimentalbeweisantrag – genau wie alle übrigen Beweisanträge – sich nach den Regeln des § 244 Abs. 3-5 StPO richtet.

Die Tatsache, daß alle Entscheidungen die Streitfrage nicht weiter problematisieren, scheint anzudeuten, daß es für die angeführten Gerichte keine Frage darstellt, daß die Verfahrensbeteiligten einen *Anspruch* darauf haben, daß das Gericht bei der Tatsachenermittlung gerade die Mittel und Methoden anwendet, deren Praktizierung sie fordern. Aufgrund der Hochrangigkeit der genannten Gerichte erscheint es zudem ausgeschlossen, daß das Problem nur versehentlich übergangen wurde.

II. Qualifizierung als Beweisermittlungsantrag

Eine andere Ansicht stuft den Experimentalbeweisantrag als Beweisermittlungsantrag ein.[68] Denn durch den Versuch soll erst ein neues Beweismittel geschaffen werden. Der Antrag ist folglich nach dieser Ansicht also nicht auf Benutzung eines bereits bestimmten Beweismittels gerichtet und soll sich daher nach § 244 Abs. 2 StPO richten.[69]

---

67 BGH NStZ 1984, 564; MDR 1977, 108; OLG Düsseldorf StV 1991, 295; Löwe/Rosenberg-Gollwitzer, 23. Auflage, § 244 Rdn. 13 (anders aber in Rdn. 17: in der Regel § 244 Abs. 2 StPO); KK-Senge § 81 Rdn. 4; offengelassen vom OLG Düsseldorf VRS 60, 122; Kleinknecht, § 244 Rdn. 31; weitere Nachweise bei Alsberg/Nüse/Meyer, S. 97 bei Fußnote 37.

68 Herdegen (in: KK) § 244 Rdn. 54, 16, läßt offen, ob es sich um Beweisermittlungsanträge oder Anträge sui generis handelt; jedenfalls aber seien Experimentalbeweisanträge wie Beweisermittlungsanträge zu prüfen und zu bescheiden; Kohlrausch, StPO, vor § 244 Ziff. 5; RGSt 40, 48 (50); Kleinknecht § 244 Rdn. 31.

69 Kohlrausch, StPO, vor § 244 Ziff. 5; RGSt 40, 48 (50).

III. Qualifizierung als Beweisanregung im engeren Sinne

Die in der Literatur herrschende Meinung und ein Teil der Rechtsprechung sieht den Experimentalbeweisantrag als bloße Beweisanregung im engeren Sinne.[70]

Demnach sollten die Antragsteller keinen Anspruch auf Durchführung des Experimentalbeweisantrags haben. Zwar können experimentelle Erprobungen Bestandteil eines Sachverständigenbeweises, eines Zeugenbeweises oder eines Augenscheinsbeweises sein.[71] Dies bedeutet, daß das Tatgericht sehr wohl einen Experimentalbeweis erheben darf und die daraus gewonnenen Erkenntnisse dann auch zum Inbegriff der Hauptverhandlung zählen und mithin Grundlage des Urteils werden können. Doch damit ist für die Verfahrensbeteiligten nicht viel gewonnen; denn gerade einem unwilligen Gericht soll nach dieser Ansicht die Beweiserhebung nicht gemäß § 244 Abs. 3-5 StPO abverlangt werden können. Hier soll nach dieser Ansicht allein die Aufklärungspflicht des § 244 Abs. 2 StPO leitender Maßstab sein.[72] Danach wäre das Gericht allein dem pflichtgemäßen – naturgemäß weiten Entscheidungsspielräumen Platz gebenden – Ermessen unterworfen. Die strikten Ablehnungsgründe des § 244 Abs. 3-5 StPO sollen nicht eingreifen. Begründet wird diese Ansicht wie folgt:

Der Experimentalbeweisantrag betrifft nicht den Umfang, sondern nur die Art und Weise der Beweiserhebung.[73] Die Art und Weise der Beweiserhebung soll aber gerade *nicht* durch Beweisanträge beeinflußt werden können.[74] Eine Begründung, warum dies nicht möglich sein soll, wird nicht gegeben. Alsberg/Nüse/Meyer äußern dazu lakonisch, dazu hätten die Prozeßbeteiligten kein Recht.[75]

IV. Qualifizierung als Aufklärungsantrag

Nach anderer Ansicht soll es sich bei einem Experimentalbeweisantrag um einen Aufklärungsantrag handeln.[76] In der Sache soll es sich dabei um einen Antrag zur weiteren Sachverhaltsaufklärung handeln. Der Beurteilungsmaßstab soll dabei allein der Amtsermittlungsgrundsatz gemäß § 244 Abs. 2 StPO sein; § 244 Abs. 3-5 StPO soll nicht anwendbar sein. In der Sache stuft diese Auffassung den

---

70 BGH NJW 1961, 1486 f.; Kleinknecht/Meyer-Goßner § 244 Rdn. 26 und § 81 Rdn. 3; Pfeiffer § 244 Rdn. 18; Löwe/Rosenberg-Gollwitzer § 244 Rdn. 128 bei Fußnote 301, Rdn. 130; Alsberg/Nüse/Meyer, S. 98, 68; Bergmann MDR 1976, 888 (890); Bergmann, S. 102; Eisenberg, Rdn. 157.

71 KK-Herdegen § 244 Rdn. 16.

72 KK-Herdegen § 244 Rdn. 16.

73 Kleinknecht/Meyer-Goßner § 244 Rdn. 26.

74 Kleinknecht/Meyer-Goßner § 244 Rdn. 26.

75 Alsberg/Nüse/Meyer, S. 98 nach Fußnote 41.

76 KMR-Paulus § 244 Rdn. 391, 393.

Experimentalbeweisantrag also – trotz unterschiedlicher Nomenklatur – als Beweisermittlungsantrag ein.

Der Antrag soll allein durch den Vorsitzenden beschieden werden.[77]

V. Qualifizierung als Hilfsantrag

Nach einer weiteren Ansicht soll der Experimentalbeweisantrag eine Unterart der Beweisanregung darstellen und wird insoweit als Hilfsantrag bezeichnet.[78] Hilfsanträge sind diese Anträge in dem Sinne, daß sie der Nachprüfung, Berichtigung oder Ergänzung eines anderen Beweisergebnisses dienen sollen.[79] Nicht gemeint ist damit allerdings der Hilfsbeweisantrag, der nur unter einer Bedingung gestellt ist und nur bei Nichteintritt dieser Bedingung hilfsweise zum Zuge kommen soll.

Der Hilfsantrag in dem hier gemeinten Sinne ist vielmehr ein unbedingt gestellter Antrag.

In der Sache soll wieder § 244 Abs. 2 StPO das allein maßgebende Regulativ darstellen, die Absätze 3 bis 5 sollen nicht eingreifen.[80]

VI. Qualifizierung als Antrag zur sachdienlichen Ausübung des Fragerechts

Zum Teil ist erwogen worden, den Experimentalbeweisantrag als Antrag zur sachdienlichen Ausübung des Fragerechts einzustufen.[81] Der Begriff und seine Bedeutung werden vom Bundesgerichtshof nicht weiter erläutert. Inhaltlich – dies wird vom Bundesgerichtshof nicht explizit gesagt – soll sich dieser Antrag wohl ebenfalls nach § 244 Abs. 2 StPO richten.

VII. Qualifizierung als Beweisantrag sui generis

Alle bisher genannten Ansichten gehen davon aus, daß der Experimentalbeweisantrag ein herkömmliches Beweismittel darstellt. Dies bedeutet, daß allgemein davon ausgegangen wird, daß der Experimentalbeweisantrag Bestandteil

---

77 KMR-Paulus § 244 Rdn. 391, 393.

78 Löwe/Rosenberg-Gollwitzer § 244 Rdn. 128 (bei Fußnote 303); Löwe/Rosenberg-Geier, 21. Auflage, § 244 Ziff. 19, 4. Absatz; Alsberg, S. 289.

79 Alsberg, S. 289.

80 Löwe/Rosenberg-Gollwitzer § 244 Rdn. 129.

81 BGH 5. StR 28/54 v. 26.03.54, zitiert nach Sarstedt, Urteilsanmerkung zu einer Entscheidung des KG, JR 1954, 272 (273). Der 5. Strafsenat, dessen Vorsitzender Sarstedt war, läßt offen, ob es sich bei einem Experimentalbeweisantrag um einen Beweisantrag, einen Beweisermittlungsantrag oder aber um einen Antrag handelt, der die spätere sachdienliche Ausübung des Fragerechts ermöglichen soll. Im dortigen Fall war auf jeden Fall der Beweis zu erheben, so daß es auf eine Differenzierung in jener Entscheidung nicht ankam.

eines Sachverständigenbeweises, eines Zeugenbeweises oder eines Augenscheinsbeweises ist.

Demgegenüber könnte man der Auffassung sein, daß der Experimentalbeweisantrag einen in der Strafprozeßordnung – bewußt oder unbewußt – nicht geregelten Beweisantrag eigener Art darstellt.[82]

Man könnte nämlich der Auffassung sein, daß der Experimentalbeweisantrag den herkömmlichen Kreis der Beweismittel sprenge, daß daher eine Regelungslücke bestünde und insoweit diese Lücke beispielsweise durch eine Analogie zu § 244 Abs. 3-5 StPO zu schließen sei.

B. Diskussion der verschiedenen Entwürfe und eigene Lösung

Die oben erläuterten und vorgestellten Auffassungen der Rechtsprechung und der Literatur sollen nunmehr einer analytischen Betrachtung unterzogen werden. Daran soll sich ein begründeter eigener Vorschlag anschließen, wie der Experimentalbeweisantrag im Hauptverfahren angemessen zu qualifizieren ist.

Es läßt sich feststellen, daß es eine Vielzahl von Auffassungen in der Literatur und der Rechtsprechung gibt, die den Experimentalbeweisantrag nomenklatorisch anders behandeln. Obwohl zwar eine Vielzahl von Bezeichnungen für die sachgerechte Behandlung des Experimentalbeweisantrages existieren, läßt sich jedoch diese Vielzahl von Entwürfen inhaltlich auf zwei unterschiedliche Grundauffassungen leicht zurückführen:

Die Grenzlinie verläuft zwischen den beiden Standpunkten echter Beweisantrag einerseits und bloße Anregung (im untechnischen Sinne) andererseits.

Der echte Beweisantrag ist gemäß § 244 Abs. 3-5 StPO zu behandeln; eine unverbindliche Anregung unterliegt – wie auch immer sie deklatorisch genannt wird – allenfalls dem Regulativ des § 244 Abs. 2 StPO, der Aufklärungspflicht.

I. Kritische Würdigung der Qualifizierung als Beweisanregung

Zum Teil wird unzutreffenderweise der Experimentalbeweisantrag als Beweisanregung im engeren Sinne eingestuft.[83] Bezeichnenderweise sprechen *Kleinknecht/Meyer-Goßner* insoweit von *Anträgen*.[84] Doch die Beweisanregung ist gerade kein Antrag, sondern stellt – Wortlautargument! – nur eine Anregung dar.[85]

---

82 Offengelassen von KK-Herdegen § 244 Rdn. 54.

83 Kleinknecht/Meyer-Goßner § 244 Rdn. 26.

84 Kleinknecht/Meyer-Goßner § 244 Rdn. 26.

85 KK-Herdegen § 244 Rdn. 54, 56; Pfeiffer § 244 Rdn. 17 f.

Die Auffassung, die den Experimentalbeweisantrag als Beweisanregung ausweist, kann für diese Qualifizierung folgende Gründe geltend machen:

1. Es wird angeführt, die Prozeßbeteiligten hätten deshalb keinen Anspruch auf Beweiserhebung, da der Experimentalbeweisantrag versuche, auf die Art und Weise der Beweiserhebung Einfluß zu nehmen. Dazu hätten die Verfahrensbeteiligten jedoch kein Recht.[86]

Dieses Argument ist bezogen auf den Experimentalbeweisantrag nicht zutreffend:

In gewissem Umfang haben die Verfahrensbeteiligten an anderer Stelle sehr wohl einen Anspruch darauf, auf die Gestaltung der Beweiserhebung und den Verfahrensablauf einzuwirken. Die Art und Weise der Beweiserhebung und des Verfahrensablaufs vermögen die Verfahrensbeteiligten nämlich dann steuernd entscheidend zu beeinflussen, wenn anderenfalls unsachgemäße und untragbare Ergebnisse gezeitigt würden:

a) So sind beispielsweise der Verteidiger und der Angeklagte berechtigt, die Sitzordnung dann erfolgreich zu rügen, wenn sie keinen Sitzplatz nebeneinander vom Gericht zugewiesen bekommen haben, denn nur so ist eine angemessene Verteidigung möglich.[87]

b) Man wird auch weiter allen Verfahrensbeteiligten zugestehen müssen, bei der Zeugeneinvernahme zum Beispiel den Zeugen auch ausreichend beobachten zu können.[88] Allein dadurch ist eine sachgerechte Beurteilung der Glaubwürdigkeit und der Glaubhaftigkeit der Bekundungen des Zeugen durch die Verfahrensbeteiligten gewährleistet. Dieses Erfordernis wird man nicht zuletzt aus dem Gebot des fairen Verfahrens herleiten müssen.

Insofern erscheint es zwar zutreffend, wenn die Auffassung, die den Experimentalbeweis als Beweisanregung ansieht, ausführt, daß die Beteiligten *grundsätzlich* keinen Anspruch auf die Art und Weise der Beweiserhebung haben. Dieses Ermessen in der Art und Weise der Beweiserhebung findet aber durch den Grundsatz des fairen Verfahrens seine Grenze.

Falls beispielsweise das Tatgericht in einem Großprozeß mit einer Vielzahl von Angeklagten einen Zeugen einen Meter entfernt von der Richterbank mit dem Gesicht zu den Richtern sitzend vernehmen will, während die übrigen Verfahrensbeteiligten zehn oder mehr Meter hinter dem Zeugen sitzen und nur dessen Rücken und Hinterkopf sehen können, wird man den übrigen Verfahrensbeteiligten einen aus dem Grundsatz des fairen Verfahrens herrührenden Anspruch auf Änderung der Sitzordnung zubilligen müssen. Es wird ein Sitzplatz für den

---

86 Kleinknecht/Meyer-Goßner § 244 Rdn. 26; Alsberg/Nüse/Meyer, S. 98 (nach Fußnote 41).

87 OLG Köln NJW 1980, 302; Dahs/Dahs, Rdn. 213 bei Fußnote 417.

88 Kleinknecht/Meyer-Goßner Einl. Rdn. 156: Zur prozessualen Fürsorgepflicht gehöre die Überwindung von Kommunikationsschwierigkeiten.

Zeugen gefunden werden müssen, von dem aus alle übrigen Verfahrensbeteiligten den Zeugen – wenigstens auf ihre Rüge hin – im Profil sehen können. Ließe dies der Verhandlungssaal nicht zu, müßte ein anderer Verhandlungssaal gefunden werden.

Diese Beispiele zeigen, daß es kein unbegrenztes Ermessen des Tatgerichts bei der Führung und Leitung des Prozesses insgesamt, wie auch bei der Beweiserhebung, gibt.

Der Grundsatz des fairen Verfahrens beeinflußt auch noch an zwei weiteren Stellen das Ob und das Wie der Beweiserhebung:

c) Grundsätzlich haben die Verfahrensbeteiligten jederzeit, ohne zeitliche Einengung, das Recht, Beweisanträge zu stellen. Dies dient der Findung der materiellen Gerechtigkeit. Die Suche nach der materiellen Gerechtigkeit soll nicht durch bestimmte Antragsfristen beschnitten werden. Aber auch dieses generelle Ermessen der Verfahrensbeteiligten bezüglich des Zeitpunktes der Antragstellung findet seine Grenze in § 244 Abs. 3 StPO, dem Institut der Prozeßverschleppung, auch wenn dieses Institut der Prozeßverschleppung praktisch nur sehr schwer – da es subjektive Elemente enthält – nachweisbar sein wird.[89] Allenfalls bei einer Vielzahl von mehreren Dutzend Beweisanträgen wird man dies, wenn überhaupt, annehmen können. Dennoch läßt sich auch dieses – dogmatisch jedenfalls vorhandene – Verbot der Prozeßverschleppung gemäß § 244 Abs. 3 StPO auf den zugrundeliegenden Gedanken des fairen Verfahrens zurückführen.

Es zeigt sich also, daß das grundsätzliche Ermessen der Verfahrensbeteiligten bezüglich des Zeitpunktes der Stellung von Beweisanträgen schon von Gesetzes wegen begrenzt ist durch den Grundsatz des fairen Verfahrens. Diese die Prozeßsubjekte bindende Regelung, muß ihr Korrelat auch auf Seiten des Gerichts finden:

d) Das Ermessen des Gerichts bei der Planung und Durchführung der Beweisaufnahme – den Fragen, wann und wie die Beweise zu erheben sind – muß seine notwendige Grenze dort finden, wo aus der Sicht der Verfahrensbeteiligten die Beweiserhebung nicht mehr sachgerecht ist, sondern vielmehr sinnlos wird.

Der Auffassung, die den Experimentalbeweisantrag als bloße Beweisanregung einstuft, ist zuzugeben, daß – generell gesehen – die Beteiligten auf die Art und Weise der Beweiserhebung keinen Einfluß nehmen können.

Dennoch muß die Beweiserhebung sachgerecht sein. Sollte zum Beispiel der einzige Be- bzw. Entlastungszeuge akut an einer lebensgefährlichen Krankheit leiden und nach ärztlicher Einschätzung nur noch wenige Stunden bzw. Tage zu leben haben, so wird das Gericht die Verpflichtung haben, diesen Zeugen schnellstmöglich, soweit er verhandlungsfähig ist, zu vernehmen. Man wird an-

---

89 KK-Herdegen § 244 Rdn. 86.

derenfalls der Auffassung sein, das Gericht habe seine Sachaufklärungspflicht bzw. das Gebot des fairen Verfahrens verletzt, wenn es andere wesentlich unwichtigere Beweiserhebungen, die unproblematisch auch zu einem späteren Zeitpunkt noch vorgenommen werden können, vorzöge.[90]

Dies alles zeigt, daß das Gericht durchaus nicht nur willkürlich und unbegrenzt über das Ob und Wie der Beweisaufnahme entscheiden kann.

e) Bei dem Experimentalbeweisantrag scheint eine den genannten Beispielen vergleichbare Situation vorzuliegen:

Nach Ansicht der Verfahrensbeteiligten ist ein Entlastungs- oder Belastungsbeweis nur durch die Durchführung eines Experiments zu erlangen. Die Frage beispielsweise, ob ein Zeuge oder der Angeklagte einen Hut aufsetzen soll, eine bestimmte Barttracht tragen soll, ist in diesem Fall nicht bloß nebensächlich, sondern von zentraler Bedeutung. Die Frage, ob ein Zeuge vormittags oder nachmittags, jetzt oder in einem Monat, stehend oder sitzend, links oder rechts im Saal, in Begleitung von Familienangehörigen oder allein vernommen wird, mag generell allein dem Tatgericht überlassen bleiben.

In dem Moment aber, in dem diese Fragen eine erhebliche Bedeutung bei der Frage der Beweislage und der Beweiswürdigung für das entsprechende Strafverfahren – jedenfalls aus der Sicht der Verfahrensbeteiligten – gewinnen bzw. gewinnen können, besitzen diese Fragen, wie zum Beispiel das Aufsetzen eines Hutes oder die Einvernahme während der Anwesenheit bestimmter anderer Zeugen oder anderer Familienangehöriger, plötzlich eine zentrale *inhaltliche* Bedeutung. Die Frage der Art und Weise der Beweiserhebung gewinnt damit eine andere Qualität.

Die Frage der Art und Weise der Beweiserhebung erstarkt in diesem Moment zu einem inhaltlichen Kriterium des Beweisantrages. Sie ist nicht mehr bloßes prozessuales Beiwerk, welches die Strafprozeßordnung nach Möglichkeit außer Streit stellen will; denn dies ist die zugrundeliegende ratio, weshalb insoweit dem Gericht völlige Entscheidungsgewalt übertragen wird.

Beim Experimentalbeweisantrag geht es vielmehr um inhaltliche Dinge.

Denn das Wesen des Experimentalbeweisantrages wird durch eine bestimmte Konstellation der Beweismittel bestimmt. Diese durch den Experimentalbeweisantrag geforderte Konstellation der Beweismittel besitzt für den jeweiligen Strafprozeß eine inhaltliche Funktion und gibt dem Experimentalbeweisantrag das Gepräge. Diese inhaltlichen Fragen müssen, sollen dem Gebot der Gerechtigkeit genügende Ergebnisse bzw. von den Verfahrensbeteiligten wenigstens akzeptierte Ergebnisse erzielt, kontradiktorisch geklärt werden. Demzufolge müssen die Verfahrensbeteiligten eine Handhabe haben, in sachlicher Hinsicht

---

90 Kleinknecht/Meyer-Goßner Einl. Rdn. 157.

auf den Prozeßverlauf Einfluß zu nehmen. In dem Moment aber, in dem die Frage der Art und Weise der Beweiserhebung nicht eine bloße Förmlichkeit und Nebensächlichkeit des Verfahrensverlaufs betrifft, sondern zu einer inhaltlichen Frage des Straf- und Schuldnachweises erwächst, müssen insoweit die üblichen Regeln der kontradiktorischen Einflußnahme der Verfahrensbeteiligten Anwendung finden.

Somit ist also das Argument generell richtig, daß die Verfahrensbeteiligten auf die Art und Weise der Beweiserhebung keinen Einfluß haben. In dem speziellen Falle des Experimentalbeweisantrages ist diese dogmatische Regelung jedoch nicht sachangemessen, denn nach Ansicht der Verfahrensbeteiligten soll diese Frage des Experimentalbeweisantrages für die Schuld- und Straffrage wichtig sein und nicht eine bloße Förmlichkeit darstellen. Somit ist es daher sachgerecht, die üblichen Regeln des Beweisantrages, also die Ablehnungsgründe des § 244 Abs. 3-5 StPO, eingreifen zu lassen.

2. a) Als bei weitem signifikantestes Merkmal der Einstufung des Experimentalbeweisantrages als Beweisanregung ergibt sich die Rechtsfolge, daß das Tatgericht über weitestgehenden Entscheidungsspielraum bei der Beurteilung und Bescheidung des Experimentalbeweisantrages verfügt.

Dies scheint auch der eigentliche Grund zu sein, weshalb die Figur der Beweisanregung im Zusammenhang mit dem Experimentalbeweisantrag bemüht wird. Diese Einstufung hat nämlich zur Folge, daß dem Tatgericht jegliche Möglichkeiten verbleiben.

Das Gericht kann ermitteln bzw. Beweis erheben, wenn das Gericht dieses für unbedingt notwendig bzw. für angemessen erachtet. Ist das Gericht jedoch in Zeitdruck und möchte den Prozeß beenden, oder ist das Gericht voreingenommen bzw. aus anderen Gründen von der Schuld oder Unschuld des Angeklagten überzeugt, so ist das Gericht nicht nachhaltig genötigt, den Experimentalbeweisantrag zu erheben. Denn alleiniger Beurteilungsmaßstab ist § 244 Abs. 2 StPO. Diese Waffe ist allerdings in der strafprozessualen Auseinandersetzung im Moment der Wahrheit – sprich: in der Revision – eine vergleichsweise stumpfe Klinge.

Alle Handlungen der Hauptverhandlung müssen aber immer mit dem Blick auf die Revision gesehen werden. Regelmäßig wird auch das Tatgericht bei der Beurteilung aller strafprozessualen Fragen und bei allen Erörterungen im Beratungszimmer unter dem Blickwinkel der Behandlung eben dieser Fragen in der Revision auf die Dinge schauen und drohenden revisiblen Rechtsverletzungen höchste Aufmerksamkeit schenken. Naturgemäß neigen die Tatgerichte, häufig selbst unter einem hohen Verfahrensdruck stehend, dazu, Anträge der Verfahrensbeteiligten, deren Nichtbefolgung einen klaren Revisionsgrund liefern würde, stärkste Beachtung zu widmen. Anträge von Verfahrensbeteiligten dagegen, deren Nichtbefolgung nicht revisibel ist bzw. deren Revisibilität sich in einer Grauzone befindet, werden erfahrungsgemäß mit wesentlich geringerer Aufmerksamkeit verfolgt.

b) Hierbei ist zu konstatieren, daß regelmäßig die Gerichte von sich aus diejenigen Beweiserhebungen anordnen, die sie für die Schuld- und Straffrage bzw. die Entlastung des Angeklagten für notwendig und angemessen erachten. Haben sie sich aber erst einmal ein eigenes Konzept vom Ablauf der Hauptverhandlung gebildet, so sind sie zwar bereit, dieses Konzept dem Verlauf und den Ergebnissen der Hauptverhandlung von sich aus anzupassen. Ist beispielsweise die Vernehmung eines Zeugen dauerhaft nicht möglich, so wird das Gericht von sich aus anstelle des nicht erschienen Zeugen nunmehr andere Zeugen laden, die Entscheidendes zum in Frage stehenden Beweisthema potentiell beitragen können.

Hat sich das Tatgericht allerdings erst einmal gedanklich auf einen bestimmten Verfahrensverlauf eingestellt, verschließen sich – insbesondere solange keine gravierenden Änderungen in der Beweislage eintreten – vor allem Vorsitzende Richter mit Mängeln in der fachlichen oder sozialen Kompetenz häufig den entgegenstehenden Anträgen der übrigen Verfahrensbeteiligten, um überhaupt einen Weg durch das Dickicht der Vielzahl der eigenen Verfahren zu finden, da die Gerichte selbst unter einem hohen Verfahrens- und somit Zeitdruck stehen.

In diesen Fällen ist häufig allein maßgebend, inwieweit das Tatgericht durch das Revisionsgericht zu den beantragten Handlungen zumindest nachträglich gezwungen werden kann. Zumeist nur dann wird das Tatgericht auf die Anträge der Verfahrensbeteiligten im vorauseilenden Gehorsam gegenüber dem Revisionsgericht empfindlich reagieren.

Die Aufklärungspflicht des § 244 Abs. 2 StPO gibt allerdings dem Tatgericht sehr weite Entscheidungsspielräume, da sie auch dem Revisionsgericht ein Instrumentarium an die Hand gibt, welches nahezu jedes Ergebnis rechtfertigt. Da die Rechtsmittelgerichte regelmäßig im Zweifel eher tendenziell bemüht sein werden, im Interesse einer stabilen Rechtspflege die Urteile der Instanzgerichte zu konservieren, entpuppt sich aus der Sicht des antragstellenden Verfahrensbeteiligten die Aufklärungsrüge zumeist als ein Muster ohne Wert.

c) Somit erscheint auch die Einordnung des Experimentalbeweisantrages als Beweisanregung als durchaus plausibel:

Der Experimentalbeweisantrag hat bisher keine umfassende Behandlung in der Literatur, also durch Autoren aus der Wissenschaft oder aus dem sonstigen nichtrichterlichen Bereich, erfahren. Das Instrument des Experimentalbeweisantrages ist vor allem und nahezu ausschließlich in Urteilen der Rechtsprechung behandelt worden. Dabei besteht die Tendenz, daß nur Problemfälle den Revisionsgerichten unterbreitet werden. Unproblematische Fälle, in denen die Tatgerichte den Experimentalbeweisanträgen schon nachgegangen sind, werden nicht zum Gegenstand einer Revision gemacht werden.

Zudem erscheint es nur allzu erklärlich, daß auch die Revisionsgerichte ihren Richterkollegen keine allzu engen Fesseln bei der Beurteilung des Experimentalbeweisantrages anzulegen gewillt sind. Die Behandlung des Experimentalbeweisantrages als Beweisanregung beläßt sowohl dem Tatgericht wie auch dem Revisionsgericht alle Entscheidungsgewalt und Entscheidungsbreite.

Auch die Stimmen in der Literatur stammen bisher ausschließlich von Richtern. Diese haben in ihrer beruflichen Sozialisation schon eine Mehrzahl von inkompetenten und dennoch obstruierenden Verfahrensbeteiligten, insbesondere Verteidigern, erlebt. Daher besteht bei ihnen ein – leicht erklärliches – geringes Interesse, den übrigen Verfahrensbeteiligten ein Mehr an Verfahrensmacht zuzugestehen. Soziologisch und psychologisch gesehen werden die Revisionsrichter dazu neigen, die Auffassung zu vertreten, das Ermessen bei der Beurteilung des Experimentalbeweisantrages sei bei den Tatgerichten „in guten Händen". Allzu krasse Fälle der Beurteilung durch die Tatgerichte können die Revisionsgerichte im Rahmen des § 244 Abs. 2 StPO, der Aufklärungspflicht, durchaus korrigieren. Dies alles aber sind weiche Kriterien, deren Kontrolldichte gering ist. Der enge Katalog des § 244 Abs. 3-5 StPO dagegen würde den Tatgerichten nur in hinreichend abgegrenzten Ausnahmefällen gestatten, den Beweis nicht zu erheben. Diesem Katalog des § 244 Abs. 3-5 StPO versucht die Auffassung der Beweisanregung daher nachhaltig aus dem Weg zu gehen. Im Falle des § 244 Abs. 3-5 StPO wäre das Tatgericht nämlich generell und damit auch faktisch in vielen Fällen zur Beweiserhebung gezwungen.

Eine generelle Tendenzwende in der Beurteilung des Experimentalbeweisantrages in Rechtsprechung und Literatur erscheint dann als wahrscheinlich, wenn sich zunehmend mehr Stimmen in der Literatur mit dem Problem des Experimentalbeweisantrages auseinandersetzten. Würden sich zunehmend auch Stimmen aus der Wissenschaft oder Anwaltschaft äquilibristisch mit der Frage des Experimentalbeweisantrages auseinandersetzen, so würde die Diskussion möglicherweise stärker in Fluß geraten und sich zusehends – diese Prognose sei gestattet – auf den echten Beweisantrag hin bewegen.

d) Überhaupt fällt auf, daß die gesamte Geschichte des Beweisantrages sich von einer Nichtjustitiabilität hin zu einer weitgehenden Justitiabilität der Entscheidungen der Tatgerichte bewegt hat. Diese Entwicklung hat der Experimentalbeweisantrag allerdings bisher noch nicht nachvollzogen.

Zwar ist durch einige Entscheidungen auch beim Experimentalbeweisantrag schon eine leichte Entwicklung hin zu stärkerer Justitiabilität zu verzeichnen.[91] Doch in vielen Exponaten der Rechtsprechung ist diese Entwicklung noch nicht über den Bereich des § 244 Abs. 2 StPO hinaus gelangt.[92]

---

91 BGH NStZ 1984, 564; MDR 1977, 108; OLG Düsseldorf StV 1991, 295.

92 BGH NJW 1961, 1486 f.; StV 1987, 5; NStE StPO § 244 Nr. 47.

Aus den genannten Gründen ist die Qualifizierung als Beweisanregung abzulehnen.

II. Kritische Würdigung der Qualifizierung als Beweisermittlungsantrag

1. Auch die Qualifizierung als Beweisermittlungsantrag beläßt dem Gericht weitestgehenden Entscheidungsspielraum. Auch hier soll sich die Behandlung nur nach § 244 Abs. 2 StPO richten. Der Experimentalbeweisantrag wird zum Teil als Beweisermittlungsantrag eingestuft[93], da angeblich das entscheidende Charakteristikum des Beweisermittlungsantrages im Fall des Experimentalbeweises vorliegen soll:

Durch den Versuch soll nach dieser Ansicht erst ein neues Beweismittel geschaffen werden. Denn der Experimentalbeweisantrag ist nach jener Auffassung nicht auf Benutzung eines bereits bestimmten Beweismittels gerichtet.

Dieses Argument ist unzutreffend. Richtig ist zwar an dieser Ansicht, daß durch den Versuch mehrere Beweismittel in eine bestimmte Konstellation zueinander gebracht werden. Richtig ist auch an dieser Ansicht, daß damit für den gängigen Strafprozeß eine eher ungewöhnliche Situation der Koordinierung von Beweismitteln entsteht.

Dennoch wird man dies nicht als ein neues Beweismittel werten können, sondern nur als die Beweiserhebung durch zwei Beweismittel, die sich in einer bestimmten Konstellation zueinander befinden, wobei entweder die Beweise gleichzeitig erhoben werden oder kurz nacheinander. Diese Situation ist zwar ungewöhnlich, dadurch wird aber kein neues Beweismittel geschaffen. Das Beweismittel kann in dem Beweisantrag vielmehr schon genau bestimmt bezeichnet werden.

Wird zum Beispiel dem Angeklagten angesonnen, eine bestimmte Barttracht anzulegen, sich dann durch den Zeugen in Augenschein nehmen zu lassen und danach der Zeuge gefragt, ob er jetzt den Angeklagten wiedererkenne, so handelt es sich zum einen um eine Augenscheinseinnahme und zudem um eine Zeugenvernehmung. Diese beiden Beweismittel können jedoch durch den Beweisantrag schon genau und bestimmt bezeichnet werden. Somit wird durch den Experimentalbeweisantrag kein neues Beweismittel erforscht, welches der Antragsteller noch nicht genau bezeichnen kann. Der Antragsteller bezeichnet vielmehr die Beweismittel genau.

Richtig ist also an dieser Ansicht, daß die Beweismittel in neuer Zuordnung und Konstellation zueinander verwandt werden sollen. Dadurch wird aber – durch eine bloße Anhäufung verschiedener Beweismittel – kein neues Beweismittel geschaffen, sondern bereits bekannte Beweismittel werden nur verknüpft, in ei-

---

93 Kleinknecht, § 244 Rdn. 31; offengelassen von KK-Herdegen § 244 Rdn. 54.

ner bestimmten, vom Antragsteller verlangten Art und Weise benutzt. Damit liegt aber der für einen Beweisantrag notwendige Bestandteil des bestimmt bezeichneten Beweismittels bereits vor.

2. Gegen die Einordnung als Beweisermittlungsantrag oder Beweisanregung – und somit zugleich für die Einordnung als echter Beweisantrag – spricht folgendes systematisches Argument:

Bei einem Beweisermittlungsantrag bzw. bei einer Beweisanregung ist jeweils ein „Minus" gegenüber dem Beweisantrag vorhanden. Entweder fehlt es an einer bestimmten Beweistatsache oder es fehlt an einem bestimmten Beweismittel, oder bei der Beweisanregung im hier definierten Sinne (= Beweiserbieten) wird die Beweiserhebung nicht mit dem Nachdruck wie bei dem Beweisantrag verlangt.

Bei dem Experimentalbeweisantrag jedoch liegt kein „Minus", sondern ein „Plus" vor. Der Experimentalbeweisantrag enthält nicht nur ein bestimmtes Beweismittel, sondern auch eine bestimmte Beweistatsache. Zudem wird das Ganze mit Nachdruck versehen, das heißt, es wird *beantragt*, es wird nicht nur angeregt. Damit liegen die Voraussetzungen eines echten Beweisantrages vor.

Darüber hinaus enthält der Experimentalbeweisantrag noch ein „Mehr" an Elementen. Der Modus der Beweisaufnahme soll auch noch Inhalt des Antrages sein. Somit wird mehr erstrebt, als bei einem herkömmlichen Beweisantrag vorhanden ist. Daher paßt der Experimentalbeweisantrag aus strukturellen Gründen dogmatisch *nicht* in die Umgebung, in welcher der Beweisermittlungsantrag bzw. die Beweisanregung stehen.

Daß statt eines Beweismittels gleich zwei Beweismittel im Beweisantrag genannt werden, ist im hier interessierenden Sinne unerheblich, denn durch die Häufung von Beweismitteln gewinnt der Experimentalbeweisantrag ein „Mehr", kein für den Beweisermittlungsantrag definitorisch notwendiges „Minus" an Beweismitteln. Zudem wird der Charakter des Beweisantrages im Falle des Experimentalbeweisantrages nicht signifikant geschwächt, allenfalls gestärkt.

Die beiden notwendigen Elemente des Beweisantrages, die bestimmt bezeichnete Beweistatsache und das bestimmt bezeichnete Beweismittel, sind also auch bei dem Experimentalbeweisantrag gegeben. Aus den genannten Gründen ist die Qualifizierung als Beweisermittlungsantrag abzulehnen.

III. Kritische Würdigung der Qualifizierung als Aufklärungsantrag

Nach der Auffassung, die den Experimentalbeweisantrag als Aufklärungsantrag betrachtet,[94] soll es sich dabei um einen Antrag zur weiteren Sachverhaltsaufklärung handeln. Folglich soll allein § 244 Abs. 2 StPO maßgebend sein.

Diese Einstufung widerspricht aber dem System von Beweisantrag, Beweisanregung und der Aufklärungspflicht. Richtig ist an dieser Auffassung, daß jeder Beweisantrag auf weitere Sachverhaltsaufklärung gerichtet ist. Der Beweisantrag gemäß § 244 Abs. 3-5 StPO besitzt dabei eine erheblich größere Eingriffsintensität gegenüber der bloßen Aufklärungspflicht. Dennoch ließe sich jeder Beweisantrag, der nach den Regeln des § 244 Abs. 3 StPO zu beurteilen ist, auch schon von Gerichtsseite im Rahmen des § 244 Abs. 2 StPO erheben. Es läßt sich also jeder Beweis, auf den der Beweisantrag nach § 244 Abs. 3-5 StPO gerichtet ist, bereits im Rahmen der bloßen Aufklärungspflicht erheben.

Die Einstufung eines Antrages (im untechnischen Sinne) eines Verfahrensbeteiligten gemäß § 244 Abs. 2 StPO oder aber § 244 Abs. 3 StPO kann nicht nach dem Kriterium erfolgen, daß ein Antrag auf weitere Sachverhaltsaufklärung gerichtet ist. Dieser Faktor der weiteren Sachverhaltserhellung soll nämlich allen Anträgen – egal ob diese Anträge nach § 244 Abs. 2 StPO oder aber nach § 244 Abs. 3-5 StPO zu behandeln sind – inne wohnen. Da dieses Element beiden Anträgen, sowohl dem „echten" Beweisantrag wie auch dem § 244 Abs. 2 StPO folgenden Antrag, gemeinsam ist, kann dieses Kriterium der weiteren Sachverhaltsaufklärung nicht zur Einordnung in die eine oder andere Gruppe beitragen. Diese fehlende Differenzierungsmöglichkeit scheint dieser Auffassung auch bewußt zu sein. Dennoch wird apodiktisch die Einstufung als bloßer Antrag gemäß § 244 Abs. 2 StPO vorgenommen. Damit liefert diese Auffassung allerdings keine Begründung, warum dieser Antrag nach § 244 Abs. 2 StPO behandelt werden soll. Es bleibt daher zu fragen, aus welchen Gründen nach dieser Auffassung ausnahmsweise § 244 Abs. 3-5 StPO hier gerade nicht eingreifen soll. Aus den genannten Gründen ist die Qualifizierung als Aufklärungsantrag abzulehnen.

IV. Kritische Würdigung der Qualifizierung als Hilfsantrag

Nach dieser Ansicht soll der Experimentalbeweisantrag eine Unterart der Beweisanregung darstellen und Hilfsantrag in dem Sinne sein, daß der Experimentalbeweisantrag der Nachprüfung, Berichtigung oder Ergänzung eines anderen Beweisergebnisses dienen soll.[95] Diese Einstufung erscheint nicht sachgemäß. Experimentalbeweisanträge müssen nicht zwingend der Nachprüfung, Be-

---

94 KMR-Paulus § 244 Rdn. 391, 393.

95 Löwe/Rosenberg-Gollwitzer § 244 Rdn. 128 (bei Fußnote 303); Löwe/Rosenberg-Geier, 21. Auflage, § 244 Ziff. 19, 4. Absatz; Alsberg, S. 289.

richtigung oder Ergänzung eines anderen Beweisergebnisses dienen. Denn der Experimentalbeweisantrag kann auch schon zu Beginn der Hauptverhandlung, noch vor Eintritt in die Beweisaufnahme, gestellt werden. Notwendigerweise liegen dann aber andere Beweisergebnisse noch nicht vor.

Zudem ist auch aus anderem Grunde diese Qualifizierung zu allgemein gehalten. Es ist allgemeines Kennzeichen von Beweismitteln, daß sie der Nachprüfung, Berichtigung oder Ergänzung bereits vorhandener Beweisergebnisse dienen sollen. Sonst wäre die weitere Beweiserhebung nicht sinnvoll und würde gegen die Konzentrationsmaxime verstoßen. Diese weiteren Beweismittel können aber regelmäßig durch einen echten Beweisantrag beantragt werden. Warum aber statt dessen nach der Ansicht des sog. „Hilfsantrages" hier ausnahmsweise nicht § 244 Abs. 3-5 StPO, also der echte Beweisantrag, sondern nur § 244 Abs. 2 StPO eingreifen soll, wird von dieser Ansicht nicht erläutert.

Jedenfalls sind die von dieser Ansicht genannten Kriterien der Nachprüfung, Berichtigung oder Ergänzung eines anderen Beweisergebnisses allgemeine Kriterien, die auch auf den echten Beweisantrag zutreffen. Daher taugt dieses Kriterium nicht zur Abgrenzung zwischen § 244 Abs. 3-5 StPO und § 244 Abs. 2 StPO. Aus den genannten Gründen ist die Auffassung des Hilfsantrages abzulehnen.

V. Kritische Würdigung der Qualifizierung als Antrag zur sachdienlichen Ausübung des Fragerechts

Zum Teil ist erwogen worden, den Experimentalbeweisantrag als Antrag zur sachdienlichen Ausübung des Fragerechts einzustufen, der sich nach den Regeln des § 244 Abs. 2 StPO richten soll. Der 5. Strafsenat des Bundesgerichtshofs hat in einer Entscheidung vom 26. März 1954[96] unter dem Vorsitz von *Sarstedt* erwogen, ob der Experimentalbeweisantrag als Antrag zur sachdienlichen Ausübung des Fragerechts einzustufen ist; die Beantwortung dieser Frage ist allerdings offen geblieben. In jener Entscheidung hat der Senat einen salomonischen Weg beschritten: Das Gericht hat offen gelassen, ob es sich um einen Beweisantrag, einen Beweisermittlungsantrag oder aber um einen Antrag handelt, der die spätere sachdienliche Ausübung des Fragerechts ermöglichen soll und hat gleichzeitig die Pflicht des Tatgerichts zur Beweiserhebung schon aus § 244 Abs. 2 StPO, dem Aufklärungsgebot, bejaht. Der Begriff des Antrages zur sachdienlichen Ausübung des Fragerechts wird daher, da er nicht entscheidungserheblich war, nicht weiter erläutert. Apodiktisch wird nur festgestellt, dieser Antrag richte sich dann nach § 244 Abs. 2 StPO. Eine inhaltliche Auseinandersetzung findet also nicht statt.

---

96 BGH 5 StR 28/54 v. 26.3.1954 (zitiert nach Sarstedt, Urteilsanmerkung zu KG, JR 1954, 272 (273)).

Dennoch wird man diese Qualifizierung nur in einigen Fällen als zutreffend ansehen müssen: So stellt beispielsweise der Fall BGH NJW 1961, 1486, zwar einen Experimentalbeweisantrag dar, aber keinen Antrag zur sachdienlichen Ausübung des Fragerechts. Dort ging es darum, im Wege des Versuchs zu beweisen, daß bestimmte sexuelle Handlungen aus räumlichen Gründen nicht – wie von der Zeugin geschildert – in einem Personenkraftwagen vorgenommen werden können.

Eine anschließende Zeugenbefragung nach diesem Versuch oder im Rahmen dieses Versuchs war nicht vorgesehen. Dennoch hat es sich um einen Experimentalbeweisantrag gehandelt, da bestimmte Beweismittel in einer bestimmten Konstellation verwandt werden sollten. Es sollte nämlich gerade der Angeklagte in einer bestimmten räumlichen Konstellation zum Gegenstand einer Augenscheinseinnahme gemacht werden. Es hat sich daran keine weitere Zeugenbefragung angeschlossen.

Daher kann – wenn überhaupt – nur in bestimmten Fällen der Antrag auf Experimentalbeweis als Antrag zur sachdienlichen Ausübung des Fragerechts aufgefaßt werden. Folglich trägt diese Qualifizierung als „Antrag zur sachdienlichen Ausübung des Fragerechts“ wenig zur weiteren, umfassenden Erhellung der Einstufung des Experimentalbeweisantrages bei. Schon aus diesem Grunde ist diese Einstufung wenig hilfreich.

Zudem findet keine inhaltliche und argumentative Auseinandersetzung durch diese Ansicht statt. Hier läßt sich der oben schon genannte Gedanke nur wiederholen, daß § 244 Abs. 2 StPO nicht das sachgerechte und angemessene Regulativ zur Frage des Experimentalbeweisantrages ist. Der Experimentalbeweis stellt nur eine Häufung von mehreren Beweisanträgen dar und will diese unterschiedlichen Beweismittel in einer bestimmten Konstellation verwandt wissen. Also gilt auch hier der Satz, daß nicht einsehbar ist, warum beim Experimentalbeweisantrag nicht der Katalog des § 244 Abs. 3-5 StPO Anwendung finden soll.

Dies gilt um so mehr, als in einem Experimentalbeweisantrag bei genauerem Hinsehen unter anderem mindestens zwei, unter Umständen sogar mehrere, Beweisanträge enthalten sind. Das Spezifikum des Experimentalbeweisantrages besteht darin, daß diese Beweisanträge miteinander in einer bestimmten Konstellation kombiniert werden. Nun erscheint es widersinnig, warum der einzelne Beweisantrag nicht nach § 244 Abs. 2 StPO, der Aufklärungspflicht, beurteilt wird, sondern gemäß § 244 Abs. 3-5 StPO nur unter erschwerten Bedingungen abzulehnen ist, während beim Experimentalbeweisantrag eine kombinierte Vielzahl von echten Beweisanträgen gerade aufgrund dieser Kombination auf das Niveau des § 244 Abs. 2 StPO herabgestuft werden soll.

Im Erstrechtschluß – argumentum maiore ad minorem – muß vielmehr bei einer Kombination verschiedener Beweisanträge diese Mehrzahl der in einem Experimentalbeweisantrag enthaltenen Beweisanträge nur unter den erschwerten Bedingungen des § 244 Abs. 3-5 StPO abzulehnen sein.

Aus den genannten Gründen ist die Qualifizierung als Antrag zur sachdienlichen Ausübung des Fragerechts abzulehnen.

VI. Kritische Würdigung der Qualifizierung als Beweisantrag sui generis

Man könnte erwägen, den Experimentalbeweisantrag als Antrag sui generis einzuordnen.[97] Zutreffend an dieser Überlegung ist, daß der Experimentalbeweisantrag in bestimmter Hinsicht einen Antrag eigener Art darstellt. Die Strafprozeßordnung hatte eigentlich primär nur die Erhebung eines einzelnen Beweises im Auge. Die unmittelbare Häufung mehrerer Beweismittel in einer bestimmten Konstellation scheint die Strafprozeßordnung nicht im Blick gehabt zu haben. Dennoch läßt sich im Rahmen der Auslegung dieses Beweisantrages – denn Beweisanträge sind grundsätzlich der Auslegung fähig[98] – der Experimentalbeweisantrag in den Kanon der echten Beweisanträge einordnen. Der Experimentalbeweisantrag kann also als herkömmliches Beweismittel angesehen werden. Entsprechend der im Beweisantrag genannten Beweismittel ist der Experimentalbeweisantrag Bestandteil eines Sachverständigenbeweises, eines Zeugenbeweises oder eines Augenscheinsbeweises. Der Behandlung des Experimentalbeweisantrages als Antrag sui generis bedarf es daher nicht.

VII. Kritische Würdigung der Qualifizierung als „echter" Beweisantrag gemäß § 244 Abs. 3-5 StPO

Erstaunlicherweise läßt sich weder der Literatur noch den abgedruckten Entscheidungen, die sich dafür aussprechen, den Experimentalbeweisantrag als „echten" Beweisantrag anzusehen, entnehmen, welche Überlegungen bei dieser Einstufung leitend waren.[99] Apodiktisch gehen alle genannten Entscheidungen davon aus, daß der Experimentalbeweisantrag – genau wie alle übrigen Beweisanträge – sich nach den Regeln des § 244 Abs. 3-5 StPO richtet. Dennoch läßt sich diese Qualifizierung als „echter" Beweisantrag durchaus mit einer Reihe gewichtiger Argumente begründen.

1. Zunächst könnte jedoch erwogen werden, daß die Frage, ob es sich bei dem Experimentalbeweisantrag um einen echten Beweisantrag handelt, in Wahrheit ein Scheinproblem ist.

---

97 Offengelassen von KK-Herdegen § 244 Rdn. 54.

98 Löwe/Rosenberg-Gollwitzer § 244 Rdn. 111.

99 BGH NStZ 1984, 564; MDR 1977, 108; OLG Düsseldorf StV 1991, 295; Löwe/Rosenberg-Gollwitzer, 23. Auflage, § 244 Rdn. 13 (anders aber in Rdn. 17: in der Regel § 244 Abs. 2 StPO); KK-Senge § 81 Rdn. 4, offen gelassen von OLG Düsseldorf VRS 60, 122; Kleinknecht § 244 Rdn. 31; weitere Nachweise bei Alsberg/Nüse/Meyer, S. 97 bei Fußnote 37.

Der Experimentalbeweisantrag geriert sich nämlich schon prima facie als durchschnittlicher Beweisantrag. Regelmäßig wird der Antragsteller diesen nur als „Beweisantrag“ und nicht etwa als „Experimentalbeweisantrag“ in der Überschrift des Antrages bezeichnen.[100] Dies ist allerdings nur ein Indiz, wie die Prozeßbeteiligten selbst ihren Antrag verstanden wissen wollen.

2. Über förmliche Dinge hinaus kann aber auch inhaltlich argumentiert werden:

Der Experimentalbeweisantrag weist alle Merkmale auf, die notwendige und hinreichende Bedingung[101] eines Beweisantrages sind:

Es ist eine *Beweistatsache* gegeben, und es liegt ein *Beweismittel* vor.

Die Tatsache, daß der Experimentalbeweisantrag statt eines Beweismittels zumindest zwei Beweismittel benennt, ist unerheblich. Denn insoweit mangelt es dem Experimentalbeweis nicht – wie beim Beweisermittlungsantrag oder der Beweisanregung – an einem Element, es herrscht vielmehr ein Überfluß an Beweismitteln. Dies ist jedoch unschädlich. Denn ein Beweisantrag muß nur zwei Elemente enthalten. Diese zwei Elemente sind beim Experimentalbeweisantrag vorhanden: Es handelt sich zum einen, wie oben dargelegt, um die bestimmt bezeichnete Beweistatsache und zum zweiten um das bestimmt bezeichnete Beweismittel.

Bei dem Beweisthema ergeben sich keinerlei Besonderheiten zu einem durchschnittlichen Beweisantrag. Lediglich bei dem Beweismittel werden statt eines Beweismittels zumindest zwei Beweismittel genannt. Zudem sollen diese Beweismittel in einer bestimmten Konstellation zueinander verwandt werden. Im Unterschied zur Beweisanregung oder zum Beweisermittlungsantrag sind damit aber die notwendigen Voraussetzungen eines Beweisantrages gegeben. Der Experimentalbeweisantrag leidet nicht etwa an einem Mangel. Vielmehr enthält der Experimentalbeweisantrag ein „Mehr“ an Elementen, nämlich regelmäßig zwei Beweismittel, die in einer bestimmten Konstellation zueinander verwandt werden sollen. Man könnte sich also auf den Standpunkt stellen, daß die notwendigen Voraussetzungen des Beweisantrages bei einem Experimentalbeweisantrag vorliegen und damit ein echter Beweisantrag unproblematisch gegeben ist.

Dennoch soll nicht in Abrede gestellt werden, daß es nicht allein auf formale Kriterien ankommt, sondern zudem eine qualitative Gesamtschau anzustellen ist. Daher soll im folgenden u.a. untersucht werden, ob dieses „Mehr“ an Elementen, die der Experimentalbeweisantrag enthält, diesen dergestalt qualitativ verändert, daß kein Beweisantrag im definitorischen Sinne mehr vorliegt.

---

100 Vgl. Beck'sches Formularbuch für den Strafverteidiger, S. 327.

101 Vgl. Kleinknecht/Meyer-Goßner § 244 Rdn. 19-21; auf das sog. „Beweisziel“ kommt es hier nicht an.

3. Bei der Behandlung des Versuchs gemäß § 244 Abs. 2 StPO wäre der Prozeßverlauf und das Prozeßergebnis von (vermeidbaren) Zufälligkeiten abhängig.

Zu beachten ist, daß in vielen Fällen der Versuch beispielsweise durch Zeugen bzw. Sachverständige, die das Experiment außerhalb der Hauptverhandlung beobachtet haben, in den Prozeß eingebracht werden kann, ohne daß sich das Gericht dagegen erfolgreich zur Wehr setzen könnte.[102] Wenn schon der Zeuge vom Hörensagen grundsätzlich ein taugliches Beweismittel ist,[103] ist auch der mittelbare Beweis durch einen Zeugen zulässig, der über eigene Wahrnehmungen berichtet, die er über ein Experiment gemacht hat, das nicht einzigartig, sondern jederzeit reproduzierbar ist. Damit kann sich das Gericht regelmäßig nicht gegen die Einvernahme des Zeugen im Prozeß wehren und wird sich mit ihm dann auch im Rahmen des Urteils auseinandersetzen müssen, will es nicht das Urteil einem Darlegungsmangel aussetzen.[104]

So wäre es also bloßer Zufall, ob ein Experiment in die Hauptverhandlung eingeführt werden könnte.[105]

Es hinge beispielsweise davon ab, ob sich ein Zeuge außerhalb der Hauptverhandlung zur Teilnahme an dem Experiment auf freiwilliger Basis – zum Beispiel gegenüber dem Strafverteidiger, der kein eigenes zwingendes Ladungsrecht gegenüber dem Zeugen außerhalb der Hauptverhandlung besitzt – zu einer experimentellen Beobachtung bereit erklärt. Täte der Zeuge dies, könnte der Strafverteidiger nunmehr in der Hauptverhandlung erfolgreich dessen Einvernahme beantragen. Würde der Zeuge dies ablehnen, würde der Experimentalbeweisantrag nicht im Prozeß stattfinden. Wenn es sich nicht um Wiedererkennungsmerkmale handelt, sondern beispielsweise um eine Prüfung der Stimmstärke, so kann regelmäßig auch ein verfahrensfremder Dritter als Zeuge diese Beobachtungen machen. So kann zum Beispiel in einem Prozeß die Frage relevant werden, inwieweit Stimmen noch durch mehrere Stockwerke hindurch gehört werden können.[106] Wenn es sich also nicht um Wiedererkennungsversuche handelt, sondern nur darum geht, inwieweit überhaupt menschliche Stimmen durch mehrere Stockwerke hindurch bei voller Lautstärke wahrgenommen werden können, so ist dieses Experiment durchaus durch verfahrensfremde Dritte jederzeit durchzuführen und wäre damit jederzeit in den Prozeß einführbar. Es wäre damit bloßer Zufall, in welcher Konstellation der erstrebte Beweis vorge-

102 Alsberg/Nüse, S. 400.

103 Kleinknecht/Meyer-Goßner § 250 Rdn. 4 m.w.N.

104 Dahs/Dahs, Rdn. 400.

105 Ebenso: Alsberg/Nüse, S. 400; auch Alsberg/Nüse stellen die Umgehungsmöglichkeit der Probleme des Versuchs unter den nämlichen Vorbehalt: „Soweit er die Experimente von sich aus veranlassen kann."

106 BGH StV 1987, 5; Löwe/Rosenberg-Dahs § 86 Rdn. 33; Alsberg/Nüse/Meyer, S. 235.

nommen werden kann. Sachliche Gesichtspunkte, die etwa eine Abgrenzung im Rahmen des § 244 StPO zwischen dem Zeugen, dem Sachverständigen und dem Urkundenbeweis sinnvoll erscheinen lassen und eine andere, jeweils differenzierte Behandlung rechtfertigen sollen, scheinen hier nicht gegeben. Folglich wäre es bloßer Zufall, ob der Experimentalbeweis im Wege des mittelbaren Beweises in den Prozeß eingeführt werden könnte, ohne daß das Tatgericht dies verhindern könnte. Eine Regelung, die bei wichtigen Fragen auf bloßen Zufall abstellt, welche Rechtsfolge erzielt wird, erscheint sachwidrig.

4. Es muß einen generellen Anspruch gemäß § 244 Abs. 3-5 StPO auf die Durchführung eines Experimentalbeweises geben, da es anderenfalls zu einem Wertungswiderspruch käme. Dieser Wertungswiderspruch läge in folgendem:

a) Der Experimentalbeweis könnte durch einen Umweg, einen strafprozessualen Kunstgriff, in den Prozeß eingeführt werden, ohne daß sich das Gericht dagegen wehren könnte. Viele Experimentalbeweise könnten durch einen der Prozeßbeteiligten dadurch mittelbar erzwungen werden, daß ein Beobachter des Experiments außerhalb der Hauptverhandlung über seine Wahrnehmung als Zeuge bzw. als Sachverständiger innerhalb der Hauptverhandlung zu berichten hat.[107] Gegen einen dementsprechenden Beweisantrag, gerichtet auf Vernehmung des nur mittelbaren Zeugen eines Experiments, könnte sich das Gericht nur mit dem Instrumentarium des § 244 Abs. 3 StPO zur Wehr setzen. Regelmäßig müßte der Zeuge allerdings gemäß § 244 Abs. 3 StPO gehört werden. Dieser Zeugenbeweis wäre also gemäß § 244 Abs. 3 StPO zu behandeln. Zum Teil wird diese Umgehung dem taktisch versierten Antragsteller ausdrücklich in der Literatur angeraten.[108]

Das Experiment, über das der Zeuge zu berichten hat, wäre als eigenständiger Beweisantrag nach § 244 Abs. 2 StPO zu behandeln, wenn man den Experimentalbeweisantrag *nicht* als echten Beweisantrag einstufte.

Grundsätzlich besteht aber eine Pflicht zur Verwendung des sachnächsten Beweismittels.[109] Diese Pflicht zur Verwendung des sachnächsten Beweismittels soll aus der Aufklärungspflicht bzw. aus dem Grundsatz der Unmittelbarkeit folgen.[110]

Nun ergäbe sich der folgende Wertungswiderspruch: Das sachnähere Beweismittel, das Experiment, unterläge allein der Aufklärungspflicht gemäß 244 Abs. 2

107 Ebenso: Alsberg/Nüse, S. 400; Beck'sches Formularbuch für den Strafverteidiger, S. 522 Nr. 4.

108 Alsberg/Nüse, S. 400.

109 Löwe/Rosenberg-Gollwitzer § 250 Rdn. 22; KK-Herdegen § 244 Rdn. 25 spricht insoweit von „bestmögliche Sachnähe“.

110 KK-Herdegen § 244 Rdn. 25; Löwe/Rosenberg-Gollwitzer § 250 Rdn. 22.

StPO. Auf die Verwendung des sachferneren Beweismittels, des Zeugen, bestünde dagegen ein Anspruch gemäß § 244 Abs. 3 StPO. Dieser Wertungswiderspruch kann nur dadurch vermieden werden, daß der Experimentalbeweisantrag grundsätzlich nur nach § 244 Abs. 3-5 StPO beurteilt wird.

b) Dagegen kann eingewendet werden, daß der Augenschein gemäß § 244 Abs. 5 StPO ohnehin nur Ermessen gewährt und damit der Antragsteller nicht schlechter steht als im Rahmen des § 244 Abs. 2 StPO.

aa) Zum einen kann dem mit dem Argument begegnet werden, daß § 244 Abs. 5 StPO einerseits und § 244 Abs. 2 StPO andererseits unterschiedliche dogmatische Kategorien darstellen.

bb) Zudem kann gegen jenen Einwand mit dem Argument repliziert werden, daß der Wertungswiderspruch deutlicher zutage tritt, wenn im Rahmen des Experimentalbeweisantrages kein Augenschein, sondern ein Sachverständigenbeweis erstrebt wird. Insofern besteht nämlich kein Ermessen mehr. Demnach müßte das Gericht den sachferneren Zeugen des Experiments hören; den sachnäheren Sachverständigen könnte es im Rahmen eines Experimentalbeweisantrages wegen § 244 Abs. 2 StPO ablehnen. Dies widerspricht dem Unmittelbarkeitsgrundsatz und ergibt einen Wertungswiderspruch.

cc) Überdies tritt im Falle des präsenten Beweismittels gemäß § 245 StPO der Wertungswiderspruch deutlich zutage:

Im Rahmen des präsenten Beweismittels gemäß § 245 StPO ist der Augenschein zu erheben, wenn ein Beweisantrag gestellt ist. Es besteht insoweit kein Ermessen, sondern der Antragsteller hat insoweit einen Anspruch. Im Falle des Experimentalbeweisantrages müßte der sachfernere Zeuge gemäß § 245 StPO vom Gericht vernommen werden, während das sachnähere Beweismittel „Experiment“, obwohl am Gerichtsort anwesend, nur gemäß § 244 Abs. 2 StPO zu behandeln wäre.

c) Zudem widerspräche der Umweg und der Kunstgriff mit dem auf den mittelbaren Zeugen eines Experimentalbeweisantrages gerichteten Beweisantrag regelmäßig dem Beschleunigungsgrundsatz. Nachdem ein etwaiger Zeuge, der wegen § 244 Abs. 3 StPO gehört werden mußte, die Relevanz des Experiments für das Ergebnis der Hauptverhandlung durch seine Aussage dargelegt hat, ist möglicherweise das Gericht aufgrund der neu erlangten besonderen Kenntnis aufgrund seiner aus § 244 Abs. 2 StPO folgenden Aufklärungspflicht nunmehr verpflichtet, auch den Experimentalbeweis zu erheben. Man denke insoweit nur an den ähnlich gelagerten Fall, daß ein Verfahrensbeteiligter einen Beweisantrag zurückzieht, und das Gericht gleichwohl den Beweis doch erheben muß; nunmehr nicht mehr wegen des Beweisantrages, sondern wegen der erlangten Kenntnis von den beantragten Beweismitteln und des Beweisthemas, da anderenfalls eine Verletzung der Aufklärungspflicht gemäß § 244 Abs. 2 StPO droht.[111]

Würde das Gericht also erst durch den mittelbaren Zeugen nachhaltig zu einer weiteren Aufklärung gedrängt, so widerspräche dies allerdings der Konzentrationsmaxime.

5. Zudem ergibt sich ein Verstoß gegen das Prinzip der „Waffengleichheit“[112], wenn die Schwierigkeiten in der Erzwingbarkeit eines Versuchs dadurch umgangen werden, daß außerhalb der Hauptverhandlung ein Zeuge oder Sachverständige zum Beobachter eines Versuchs gemacht wird.

Denn die Staatsanwaltschaft hat gegenüber Zeugen und Sachverständigen ein zwingendes Ladungsrecht, § 161 a StPO (mit den Sanktionen der §§ 70 bzw. 77 StPO), über welches der Strafverteidiger nicht verfügt.

Darüber hinaus wird der Verteidiger regelmäßig Schwierigkeiten haben, einen Gutachter außerhalb der Hauptverhandlung zu gewinnen, da diese erfahrungsgemäß sich lieber vom Gericht laden lassen, um den Anschein der Parteilichkeit zu vermeiden. Die Staatsanwaltschaft dagegen beschäftigt zum Beispiel in Wirtschaftsstrafverfahren hauptamtliche Sachverständige, die dann im „Doppelpaß“ auch vom Gericht bestellt und nicht für befangen gehalten werden, welche somit allzeit zur Beobachtung eines Experiments außerhalb der Hauptverhandlung zur Verfügung stehen.

Dieses Ungleichgewicht zwischen Staatsanwaltschaft und Verteidigung bezüglich des Vermögens, die Ergebnisse eines Experimentalbeweisantrages in die Hauptverhandlung einzuführen, ist nicht der spezifischen Rollenverteilung zwischen den Prozeßsubjekten geschuldet und verstößt somit gegen das Prinzip der Waffengleichheit. Denn auch unter Berücksichtigung der generellen Verschiedenheit der Prozeßrollen der Staatsanwaltschaft einerseits und der Verteidigung andererseits sind im Falle der Umgehungsmöglichkeit der angeblichen Beweisantragsdefizite eines Versuchs die Rechte der beiden Prozeßbeteiligten nicht mehr ausbalanciert.[113]

6. Das Argument, der Experimentalbeweisantrag verstoße gegen den Numerus clausus der Beweismittel, ist unzutreffend. Der Numerus clausus der Beweismittel besagt, daß die Beweismittel ausschließlich entsprechend dem strengen Beweisverfahren erhoben werden müssen.[114] Diesen Erfordernissen ist auch

---

111 Alsberg/Nüse/Meyer, S. 407; Löwe/Rosenberg-Gollwitzer § 244 Rdn. 136.

112 Kleinknecht/Meyer-Goßner Einl. Rdn. 88.

113 Vgl. Kleinknecht/Meyer-Goßner Einl. Rdn. 88.

114 KK-Herdegen § 244 Rdn. 13 m.w.N.

und gerade bei dem Experimentalbeweisantrag Rechnung zu tragen. So bleibt auch im Falle des Experimentalbeweisantrages zum Beispiel das Telefonat des Richters mit einem Zeugen verboten.

a) Der Numerus clausus der Beweismittel hat für den gesamten Strafprozeß eine Schutzfunktion. Die Beweise sollen nur in der durch Gesetz und Rechtsprechung geforderten Weise erhoben werden. Eine andere Beweiserhebung soll unzulässig sein. Diese Schutzfunktion wird aber durch den Experimentalbeweisantrag gerade nicht verletzt, sondern eher gestärkt. Sämtliche Beweismittel werden nur in der nach dem strengen Beweisverfahren zulässigen Methode erhoben. Denn die einzelnen Elemente des Experimentalbeweisantrages lassen sich als Zeugen-, Sachverständigen- bzw. Augenscheinsbeweisantrag in der Hauptverhandlung einordnen.

Da aber alle Elemente des Experimentalbeweisantrages nach dem strengen Beweisverfahren erhoben werden, kann auch insgesamt das strenge Beweisverfahren nicht verletzt sein. Die bloße Kompilation von Beweismitteln, die ihrerseits *einzeln* dem Numerus clausus der Beweismittel entsprechen, kann *insgesamt* diesen Grundsatz nicht verletzen. Die Schutzfunktion, die der Numerus clausus der Beweismittel erfüllen soll, bleibt gewahrt. Die Beweismittel werden nicht auf für den Strafprozeß unangemessene Art und Weise erlangt.

b) Der Gegenmeinung[115] ist zuzugeben, daß die Art und Weise, wie die Beweismittel kombiniert werden sollen, dem Gericht zwingend durch den Experimentalbeweisantrag abverlangt wird.

Damit gewinnt aber diese Konstellation, in der die Beweismittel zueinander stehen sollen, eine wichtige inhaltliche Funktion für den Strafprozeß. Diese Konstellation ist von essentieller Bedeutung für den Experimentalbeweisantrag; gerade dadurch definiert er sich. Es ist dagegen nicht zutreffend, daß damit im definitorischen Sinne ein neues Beweismittel geschaffen wird.[116]

Zwar gewinnen die Beweismittel im Prozeß durch die von den Prozeßbeteiligten intendierte besondere Konstellation eine neue Qualität; es werden aber nur bereits bekannte Beweismittel verwandt. Der Experimentalbeweisantrag bekommt erst dadurch seine charakteristische Bedeutung, daß die Beweismittel in einer bestimmten Konstellation zueinander verwandt werden.

Richtig ist also, daß diese Beweismittel bei durchgeführtem Beweisverfahren auf der Bedeutungsebene eine Metabedeutung erhalten, welche die einzelnen Beweisanträge für sich allein nicht besäßen. Doch muß gerade dann, wenn die einzelnen Elemente schon einen Beweisantrag darstellen, der Experimentalbeweisantrag als „Gesamt“-Beweisantrag – als ein Beweisantrag, der gedanklich aus ei-

---

[115] KK-Herdegen § 244 Rdn. 15.

[116] KK-Herdegen § 244 Rdn. 54 läßt diese Frage offen.

ner Vielzahl von einzelnen „echten“ Beweisanträgen zusammengesetzt ist und damit eine gesteigerte Bedeutung gegenüber dem einzelnen Beweisantrag besitzt – um so mehr (im Wege des Erst-recht-Schlusses) einen Beweisantrag darstellen.

Jedenfalls verletzt der Experimentalbeweisantrag nicht den Numerus clausus der Beweismittel dergestalt, daß ein neues, der Strafprozeßordnung bisher fremdes Beweismittel eingeführt wird. Vielmehr werden nur bekannte Beweismittel benutzt. Um ein Bild zu gebrauchen: Als Bausteine werden stets nur in der Strafprozeßordnung zugelassene Beweismittel verwandt. Aus diesen Beweismitteln, den Bausteinen, wird allerdings im Zuge des Experimentalbeweisantrages eine übergeordnete Ebene, um im Bild zu bleiben: ein Haus, errichtet. Richtig ist, daß dieses Haus eine neue Bedeutungsebene darstellt, dem ganzen eine neuen Sinn verleiht.

Richtig ist aber auch, daß die einzelnen Bestandteile wieder nur dieselben Bausteine sind, die auch nebeneinander bedeutungslos stünden und keine höhere Funktion erhielten. Würde man im Beispielsfall fragen, aus welchen Elementen das Haus bestünde, müßte geantwortet werden: aus Bausteinen. Dadurch daß diese Bausteine in gewisser sinnvoller Weise kombiniert werden, würden die einzelnen Bestandteile dann zwar ihre Eigenschaft als einzelne Elemente verlieren, insgesamt bestünde der Baustoff aber aus einzelnen Bausteinen.

Zutreffend ist also insoweit, daß durch den Experimentalbeweisantrag eine Metaebene errichtet wird. Diese Metaebene betrifft jedoch nicht die Frage der Beweismittel; dort handelt es sich nach wie vor um die Ausgangsbeweismittel der Strafprozeßordnung. Die Metaebene wirkt sich nur in der Bedeutung für den Strafprozeß, nicht in der formalen Frage der Verwendung welcher Beweismittel aus. Der Beweiszweck kann im Einzelfall gerade und nur durch diese Wahl einer bestimmten Konstellation der unterschiedlichen Beweismittel zueinander erreicht werden.

Insofern wäre regelmäßig der Antrag gerichtet auf die einzelnen Elemente des Experimentalbeweisantrages unabhängig voneinander für den Antragsteller von erheblich geminderter Bedeutung.

Es bleibt zu konstatieren, daß der Antragsteller auf die einzelnen Beweismittel eines Versuchs bei jeweils gesonderter Antragstellung einen Anspruch hätte. Es wäre widersprüchlich, wenn man ihm diesen Anspruch gemäß § 244 Abs. 3 StPO bei einer Kumulierung verschiedener Beweismittel, die für ihn regelmäßig gegenüber den einzelnen Beweisanträgen eine erheblich gesteigerte Bedeutung haben, nicht zuerkennen wollte.

Der Experimentalbeweis enthält mehr Elemente als notwendig, insbesondere mehrere Beweismittel. Der Experimentalbeweisantrag kann daher als eine Häufung einzelner Beweisanträge angesehen werden. Die einzelnen Beweisanträge erhalten durch ihre besondere Zusammenstellung eine gesteigerte Bedeutung.

Doch wenn die einzelnen Elemente des Experimentalbeweisantrages, nämlich einzelne Beweisanträgen schon einen Anspruch begründen, muß im Wege des Erst-recht-Schlusses auch dem Experimentalbeweisantrag um so mehr die Qualität eines Beweisantrages zugebilligt werden.

c) Der Numerus clausus der Beweismittel bedeutet nur, daß das Urteil ausschließlich auf diese unmittelbar in die Hauptverhandlung eingeführten Beweismittel gestützt werden darf. Der Numerus clausus der Beweismittel besagt aber dagegen nicht, daß die gesetzlich zulässigen Beweismittel nicht beliebig untereinander kombiniert werden dürften. Dies läßt sich dem Wortlaut der Strafprozeßordnung nicht entnehmen; auch der Sinn des Gesetzes steht der hier beschriebenen Handhabung nicht entgegen. Selbst wenn Beweismittel gleichzeitig benutzt werden, bleiben sie selbständig und folgen den für sie jeweils geltenden Regeln.[117] Dies gilt auch für den Experimentalbeweis.

Somit verstößt der Experimentalbeweisantrag nicht gegen den Numerus clausus der Beweismittel.

7. Verstieße der Experimentalbeweisantrag gegen den Numerus clausus der Beweismittel, so müßte ein Urteil, welches auf einen Experimentalbeweisantrag gestützt wäre, der Revision anheimfallen. Dies ist aber bisher noch nicht geschehen. Somit ist im Wege des Umkehrschlusses nachhaltig das Argument gestützt, daß der Experimentalbeweisantrag *nicht* gegen den Numerus clausus der Beweismittel verstößt.

8. Weiter ist zu fragen, inwieweit das Dogma, die Art und Weise der Beweisaufnahme stehe nicht im Belieben der Prozeßbeteiligten,[118] dazu führen solle, daß der Experimentalbeweisantrag aus dem Kreis der echten Beweisanträge ausscheide. Dieses Dogma hat dann seinen Sinn und seine Berechtigung, wenn mit dem Terminus „Art und Weise der Beweisaufnahme" nur die Förmlichkeiten der Hauptverhandlung gemeint sind. In bezug auf reine Förmlichkeiten ist das Primat der alleinigen Entscheidungsbefugnis des Tatgerichts sinnvoll.

Dort aber, wo diese Formfragen durch die besondere Gestaltung des Beweisantrages eine inhaltliche Qualität gewinnen, muß auf diese inhaltliche Komponente auch in der Qualifizierung und Behandlung eine adäquate Antwort gefunden werden, das heißt, es darf nicht mehr nur das Gericht darüber befinden, sondern es muß den Beteiligten ein eigenständiges Antragsrecht gemäß § 244 Abs. 3-5 StPO zugestanden werden.

---

[117] BGH NJW 1961, 1486 (1487); Pfeiffer § 244 Rdn. 6; SK-Schlüchter § 244 Rdn. 18; Alsberg/Nüse/Meyer, S. 235; Heidelberger Komm.-Julius § 244 Rdn. 64.

[118] Kleinknecht/Meyer-Goßner § 244 Rdn. 26.

9. Ein Seitenblick auf den Antrag auf Unterbringung zur Beobachtung gemäß § 81 StPO scheint die hier getroffene Unterscheidung zu stützen. Auch der Antrag auf Unterbringung zur Beobachtung gemäß § 81 StPO stellt eine Form des Experimentalbeweisantrages dar: Beweis erhoben werden soll hier durch den Sachverständigen. Diese Beweiserhebung soll allerdings vorher durch die Unterbringung des Beschuldigten vorbereitet werden. Die Unterbringung des Beschuldigten gemäß § 81 StPO ist damit eine besondere Form des Experiments.

Alsberg/Nüse/Meyer – die selbst der Auffassung sind, weder der Experimentalbeweisantrag noch der Antrag auf Unterbringung zur Beobachtung gemäß § 81 StPO stelle einen Beweisantrag dar – räumen ein, die herrschende Meinung nehme bei § 81 StPO an, daß die Prozeßbeteiligten allerdings das Recht hätten, förmliche Beweisanträge auf Anordnung der Unterbringung zu stellen.[119] Daß hier die herrschende Meinung von einem Beweisantrag ausgeht, hat möglicherweise prozeßpsychologische Gründe. Hier ist derjenige der Beschuldigte, gegen den und gegen dessen Willen sich dieser Experimentalbeweisantrag richtet. Notwendigerweise kann der Antrag nicht vom Gericht kommen, denn das Gericht wird die Unterbringung zur Beobachtung von Amts wegen anordnen. Weder der Beschuldigte noch sein Verteidiger werden regelmäßig diesen Antrag stellen, da sie, wenn sie Zweifel bezüglich des Gesundheitszustands des Beschuldigten haben, nicht eine förmliche Unterbringung beantragen müssen. Hier würde eine Beobachtung auf privatrechtlicher Grundlage zumeist ausreichend sein.

Regelmäßig wird also hier die Staatsanwaltschaft das Antragsrecht faktisch ausüben. Möglicherweise ist dies einer der Gründe dafür, daß diesem Antrag die Qualität eines Beweisantrages beigemessen wird.

Im Falle des § 81 StPO handelt es sich inhaltlich um einen Experimentalbeweisantrag. In diesem speziellen Fall eines Experimentalbeweisantrages geht die herrschende Meinung sehr wohl von einem Beweisantragsrecht aus[120].

Einer der Grundsätze der Logik besagt aber, daß man Gleiches auch gleich behandeln muß. Da es sich in beiden Fällen – ob allgemeiner Experimentalbeweisantrag oder der spezielle Fall des Antrages auf Unterbringung zur Beobachtung nach § 81 StPO – um Experimentalbeweisanträge handelt, müssen beide Fälle gleich behandelt werden.

Dieser Nebenaspekt unterstreicht die hier vorgenommene zutreffende Einordnung. Der Antrag gemäß § 81 StPO bezieht sich nicht auf den Umfang der Beweisaufnahme, sondern auf die Art und Weise der Begutachtung durch den Sachverständigen. Damit ist also die Art und Weise der Beweisaufnahme betroffen, also der Faktor, der das Wesen des Experimentalbeweisantrages aus-

---

119 Alsberg/Nüse/Meyer, S. 100 bei Fußnote 64 m.w.N.

120 KK-Senge § 81 Rdn. 4 m.w.N.; BGH JR 1955, 472.

macht. Daher müssen denklogisch zwingend beide Anträge, der Experimentalbeweisantrag und der Antrag auf vorübergehende Anstaltsunterbringung gemäß § 81 StPO, identisch behandelt werden. Im Falle des § 81 StPO will aber die herrschende Meinung den Antrag als echten Beweisantrag einstufen.[121] Dies sei hier zur Verdeutlichung angeführt.

10. Ein weiteres Argument ergibt sich aus dem Wortlaut des § 58 Abs. 2 StPO. Für das Vorverfahren wird in § 58 StPO bestimmt, daß eine Gegenüberstellung mit anderen Zeugen oder mit dem Beschuldigten im Vorverfahren zulässig ist, wenn es für das weitere Verfahren geboten erscheint. Diese Einräumung von Ermessen für die Strafverfolgungsbehörden im Vorverfahren deutet an, daß die Gegenüberstellung als besondere Form des Experimentalbeweises im Hauptverfahren eine andere Regelung erfährt. Anderenfalls hätte der Gesetzgeber in § 58 Abs. 2 StPO für das Vorverfahren nicht diese Regelung speziell zum Ausdruck bringen müssen, wenn die Regelung im Vorverfahren mit der Regelung im Hauptverfahren übereinstimmte. Wäre dieser Gedanke unzutreffend, hätte in der Regelung des § 58 Abs. 2 StPO ein bloßer Verweis auf das Hauptverfahren genügt.

11. Aus teleologischer Sicht ist anzuführen:

Die Rechtssubjekte gestalten ihre Lebenswelt nicht primär durch analytische Erkenntnisse, sondern vorrangig durch voluntative Antriebe.[122] Rechtsspezifisch gesprochen wird formuliert, die anhand außerrechtlicher Kriterien gefundene Entscheidung werde durch systemimmanente rechtliche Argumentation rationalisiert.[123] Daher sei ein gewichtiges Argument an das Ende der Begründungen gestellt:

a) Nur indem der Experimentalbeweisantrag als echter Beweisantrag seine Einstufung erfährt, wird eine angemessene Machtbalance zwischen dem Gericht und den übrigen Verfahrensbeteiligten erzielt und gewahrt.

Würde der Experimentalbeweisantrag nicht als echter Beweisantrag eingestuft werden, hätten die Beteiligten keinen generellen Anspruch auf Beweiserhebung. Sie wären gemäß § 244 Abs. 2 StPO auf die bloße Aufklärungspflicht des Gerichts verwiesen. Dies würde dem Gericht ein sehr weitreichendes Ermessen und dem Revisionsgericht nur eine sehr bedingte Kontrolle ermöglichen. Denn

---

121 KK-Senge § 81 Rdn. 4 m.w.N.

122 Schopenhauer, S. 234, 245.

123 Esser, Vorverständnis und Methodenwahl, S. 27 f.; ders., Recht und Rechtsverwirklichung, S. 197.

Aufklärungsrügen sind empirisch gesehen nur äußerst selten erfolgreich.[124] Die Aufklärungsrüge ist also ein stumpfes Schwert. Daher würde sich faktisch durch § 244 Abs. 2 StPO kaum je ein Gericht genötigt sehen, einem Experimentalbeweisantrag nachzugehen, wenn es nicht schon aus eigenem Antrieb diesem Begehren entsprechen will.

Doch dann bedarf es regelmäßig keines Beweisantrages. Regelmäßig werden die Gerichte auch auf leiseste Anregungen der Verfahrensbeteiligten – auch außerhalb der Hauptverhandlung – reagieren und eine Beweisermittlung von Amts wegen anordnen, wenn sie die Überlegungen der Prozeßbeteiligten teilen und diese Erwägungen als prozeßnotwendig ansehen.

Die Systematik der Strafprozeßordnung weist einen strukturellen Gegensatz zwischen den Verfahrensbeteiligten untereinander und den Verfahrensbeteiligten und dem Gericht auf. Im verfahrensrechtlichen Teil besitzt das Gericht das Primat der Regelungsbefugnis. Dies ist deshalb angemessen, da sich dieses Verhalten regelmäßig nicht auf die materielle Gerechtigkeit, insbesondere auf die Wahrheitsfindung, auswirkt.

b) Bei der materiellen Gerechtigkeit, insbesondere der Tatsachenermittlung, kann die generelle Entscheidungsbefugnis der Gerichte, bezogen auf die Ermittlung des Tatsachenstoffes (§ 244 Abs. 2 StPO), nur den Sinn haben, eine in der Mehrzahl der Fälle möglichst schnelle und reibungslose Erledigung der Prozesse zu ermöglichen.

Das Gericht hat die Würdigungsmacht bezüglich des gesamten Tatsachenstoffes, § 261 StPO. Die Prozeßbeteiligten haben nur das Recht, ihre Auffassungen und Meinungen zum Tatsachenstoff in Anträgen gemäß § 257 StPO und im Plädoyer in den Prozeß einzubringen. Bei der Würdigung dieses Tatsachenmaterials und der von den Prozeßsubjekten vorgetragenen Meinung ist das Gericht allerdings frei und nur eigenen Anschauungen und Überzeugungen unterworfen[125]. Die übrigen Prozeßbeteiligten haben insoweit keine Einflußmöglichkeit.

Als Kardinalproblem des Strafprozesses stellt sich regelmäßig – außer vielleicht in urkundenzentrierten Wirtschaftsprozessen – die Frage, inwieweit ein Geschehen dem Beschuldigten nachzuweisen ist. Demzufolge stellt die Tatsachenermittlung und der Umfang der Tatsachenermittlung das Hauptproblem des Strafprozesses dar. Daher muß den Prozeßbeteiligten genügend Raum gewährt werden, denjenigen Prozeßstoff in den Prozeß einzubringen, den sie für wichtig erachten und der nach objektiven Kriterien nicht völlig sachwidrig ist. Zwar hat sich der deutsche Strafprozeß für die Tatsachenermittlung „von Amts wegen"

---

124 Dahs/Dahs, Rdn. 475.

125 KK-Engelhardt § 261 Rdn. 2.

entschieden, dieser Amtsermittlungsgrundsatz muß aber dem Korrektiv des Beibringens des Tatsachenstoffes durch die Prozeßbeteiligten geöffnet bleiben.

12. a) Daher muß in Frage gestellt werden, ob das weite Ermessen – und insbesondere die damit einhergehende Unkalkulierbarkeit für die Verfahrensbeteiligten – des § 244 Abs. 2 StPO das angemessene Regulativ darstellt, oder ob nicht vielmehr der enge Katalog des § 244 Abs. 3-5 StPO der angemessene Weg zur Behandlung des Experimentalbeweisantrages ist.

Zur angemessenen Gewichtung erscheint es allerdings erforderlich, den Experimentalbeweisantrag als echten Beweisantrag einzustufen. Dem Experimentalbeweisantrag fehlt es an keinem konstitutiven Element. Andererseits sind die Antragsberechtigten zum Teil, wie zum Beispiel der Beschuldigte, unmittelbar in der persönlichen Sphäre durch die Straftat bzw. das Strafverfahren betroffen.

b) Zudem ist auch dem Gedanken einer funktionsfähigen Strafrechtspflege Beachtung zu schenken. Nach der ständigen Rechtsprechung des Bundesverfassungsgerichts gehört auch die Notwendigkeit einer funktionsfähigen (effektiven) Strafrechtspflege oder einer an den Erfordernissen von rechtsstaatlicher Gewährleistung ausgerichteten Strafrechtspflege zum Rechtsstaatsprinzip und hat damit Verfassungsrang[126]. Dieses selbständige verfassungsrechtliche Postulat der Sicherung einer funktionsfähigen Strafrechtspflege hat inzwischen weitgehend Anerkennung, teilweise aber auch Kritik gefunden[127]. Die Kritik bestreitet nicht generell, daß die Pflicht des Staates, Strafjustiz zu ermöglichen, auch eine verfassungsrechtliche Dimension hat. Zu Recht wendet die Kritik aber namentlich ein, daß dadurch entgegen der Grundtendenz der Grundrechtsgewährleistungen und des Rechtsstaatsgedankens, Abwehrrechte gegen die Übermacht der Staatsgewalt zu schaffen, gerade deren Verfolgungs- und Aufklärungsinteresse mit einem inhaltsleeren und damit beliebig ausfüllbaren Begriff überbetont werde[128]. Einer Überbetonung des Effektivitätsgedankens ist entgegenzutreten[129].

Auch bei einer Vielzahl von Beweisanträgen im einzelnen Prozeß muß noch nicht das Ziel dieser Prozeßhandlungen die Verfahrensobstruktion oder die Verfahrensverschleppung sein, sondern es kann vielmehr nur der schlichte „Kampf um's Recht" vorliegen. Daher sollte es dem Gericht in zentralen Punkten – dazu zählt der Experimentalbeweisantrag – nicht leicht gemacht werden, einen bürokratischen, desinteressierten Weg einzuschlagen, der nur äußerst geringer revisionsrechtlicher Kontrolle unterläge.

---

126 Löwe/Rosenberg-Rieß, 25. Aufl., Einl. Abschn. G, Rdn. 10 m.w.N.

127 Löwe/Rosenberg-Rieß, 25. Aufl., Einl. Abschn. G, Rdn. 12 m.w.N.

128 Löwe/Rosenberg-Rieß, 25. Aufl., Einl. Abschn. G, Rdn. 12.

129 Löwe/Rosenberg-Rieß, 25. Aufl., Einl. Abschn. G, Rdn. 15.

c) Auch bei der Einordnung des Experimentalbeweisantrages als echter Beweisantrag ist das Tatgericht den Anträgen der übrigen Verfahrensbeteiligten nicht schutzlos ausgeliefert. Als Schutzwall gegen unsachgemäße Anträge bleibt dem Gericht der Katalog der Ablehnungsgründe des § 244 Abs. 3-5 StPO. Damit ist dem Tatgericht ein hinreichendes Instrumentarium an die Hand gegeben, den zur Entscheidung stehenden Strafprozeß weiterhin steuerbar zu führen.

Wenn der Versuch als echter Beweisantrag eingestuft wird, führt dies also nicht zu einer unangemessenen Ausweitung der Beweisaufnahme, da die Schranken des § 244 Abs. 3-5 StPO eine ausreichende Kanalisierung der Beweisaufnahme ermöglichen, ohne daß der Prozeß unsachgemäß ausufert.

d) Aus teleologischer Sicht bleibt weiter festzustellen:

Der Beweisantrag ist die wesentliche Waffe der Prozeßbeteiligten im Kampf um das Recht. Das Gericht besitzt schon das Entscheidungsmonopol in der Würdigung des Prozeßstoffes hinsichtlich der Schuld- und Straffrage, § 261 StPO. Es sollte auch rechtspolitisch kein Entscheidungsmonopol bei der Auswahl des zu seiner Beurteilung stehenden Tatsachenmaterials haben. Wenn aber im Falle des Versuchs allein § 244 Abs. 2 StPO und das damit einhergehende Ermessen anwendbar wäre, würde es dem Richter und seinem Gewissen allzu leicht gemacht, ein revisionssicheres Urteil zu verfassen.

Nur indem der Experimentalbeweisantrag als echter Beweisantrag eingestuft wird, kann eine angemessene Machtbalance zwischen dem Tatgericht und den übrigen Verfahrensbeteiligten erzielt und gewahrt werden.

e) Als Beleg für die extensive Machtfülle ein und desselben Spruchkörpers sei das folgende bekannte Problem aufgezeigt:

Das Strafprozeßrecht in Deutschland weist ein strukturelles Defizit auf:

Dasselbe Gericht, welches über die Frage der Eröffnung des Hauptverfahrens zu entscheiden hat, mithin also über die Fragen, ob die Staatskasse oder der Beschuldigte mit den Kosten des bisherigen Verfahrens belastet wird und ob der Angeschuldigte den Belastungen einer öffentlichen Hauptverhandlung ausgesetzt wird, ist auch zur Urteilsfindung im Hauptverfahren berufen. Es muß gefragt werden, inwieweit die Berufsrichter dann in der Hauptverhandlung noch unbefangen an den ihnen präsentierten Prozeßstoff herangehen können, da sie sich schon einmal urteilend zum Sachverhalt durch den Eröffnungsbeschluß geäußert haben. Dieses Faktum scheinen die Gerichte an anderer Stelle auch durchaus im Kopf zu haben und entsprechend darauf zu reagieren.

Bei den die Eröffnung des Hauptverfahrens ablehnenden Beschlüssen des Amtsgerichts verweisen die Landgerichte auf die Beschwerde hin die Sache regelmäßig an ein anderes Amtsgericht zur Durchführung des Hauptverfahrens. Die Begründung, ein Richter, der sich bei einer ablehnenden Entscheidung ausführlich mit den Gründen auseinandergesetzt habe, sei festgelegter als ein Richter, der einen bloßen Satz bezüglich der Eröffnung des Hauptverfahrens geschrieben hat, überzeugt nicht. Vielmehr müßte der Richter, der die Eröffnung beschließt, regelmäßig eher mehr Gedankenarbeit verrichtet haben, um der Tragweite des Verfahrens für den Beschuldigten gerecht zu werden, ohne daß sich diese Gedankenarbeit in niedergeschriebenen Sätzen in den Akten widerspiegelte. Die Obergerichte scheinen pessimistisch zu sein bezüglich der Frage des „Festgelegtseins" von Richterkollegen, wenn und sobald die eigenen Anschauungen der Obergerichte und deren Durchsetzung auf der erstinstanzlichen Ebene tangiert sind.

Das eben angesprochene strukturelle Defizit ist zwar nicht unmittelbar Gegenstand der vorliegenden Abhandlung. Dieses strukturelle Defizit ist aber ein legislatorisches Faktum. Daher hat die Rechtswelt bei ihren Entscheidungen auf dieses Faktum Rücksicht zu nehmen. Hier bleibt festzuhalten, daß die den Gerichten zugewiesene Machtfülle – welche sich insbesondere auch darin zeigt, daß Eröffnung und Durchführung des Verfahrens und der Urteilsspruch in der Hand desselben Spruchkörpers liegen – nur dann sinnvollen Korrekturen unterworfen werden kann, wenn auch der Experimentalbeweisantrag als „echter" Beweisantrag gemäß § 244 Abs. 3-5 StPO eingestuft wird.

Inhaltlich betrifft der Experimentalbeweisantrag aus der Sicht der Verfahrensbeteiligten wie auch aus der Sicht des Gerichts häufig gerade zentrale Fragen des Tatnachweises. Demnach ist den Prozeßbeteiligten im Falle des Experimentalbeweises die weitestgehende Antragsbefugnis, nämlich die Befugnis, einen Beweisantrag gemäß § 244 Abs. 3-5 StPO zu stellen, zu gewähren. Rechtspolitisch erscheint es also sachgerecht, die Prozeßbeteiligten nicht darauf zu reduzieren, im Falle des Experimentalbeweisantrages nur einen Antrag stellen zu können, der bloßen Anregungscharakter hat und gemäß § 244 Abs. 2 StPO beschieden werden kann.

13. Zwar könnte man gegen die Auffassung des „echten" Beweisantrages einwenden, daß häufig der Experimentalbeweis auch als einen Bestandteil eine Augenscheinseinnahme aufweist. Diese wiederum bietet dem Gericht allerdings wieder Ermessen gemäß § 244 Abs. 5 StPO.

Dies ändert jedoch nichts an der Tatsache, daß der Experimentalbeweisantrag als „echter" Beweisantrag eingestuft werden sollte. Denn das Ermessen des § 244 Abs. 5 StPO ist ein Ermessen zweiter Klasse.

Sobald der Gesetzgeber in die Regelung der §§ 244 Abs. 3-5 StPO eingriffe und deren Katalog wieder einmal verändern sollte, so würde der Experimentalbeweisantrag als echter Beweisantrag das modifizierte Schicksal des veränderten § 244 Abs. 3-5 StPO teilen. Unterstellte man allerdings den Experimentalbeweisantrag generell nur dem § 244 Abs. 2 StPO, der Aufklärungspflicht, so bliebe hier stets nur das richterliche Ermessen, und der Experimentalbeweisantrag würde an einer Stärkung oder Schwächung des § 244 Abs. 3-5 StPO nicht teilhaben.

Die Frage, ob die Augenscheinseinnahme bloßem Ermessen oder etwa Kriterien, vergleichbar denen des § 244 Abs. 3 StPO, unterworfen wird, ist vergleichsweise disponibel. Sie betrifft eine gesetzliche Einzelregelung und kann vergleichsweise leicht novelliert werden, wie die Änderungen bei der Zeugenvernehmung von dem im Ausland wohnenden Zeugen zeigt.[130]

Eine Änderung des § 244 Abs. 2 StPO ist dagegen aus dogmatischen Gründen eher unwahrscheinlich. Die Frage des § 244 Abs. 2 StPO und das dort geregelte Ermessen betrifft nämlich Grundpfeiler des deutschen strafprozessualen Systems. Die Balance zwischen Amtsaufklärungspflicht einerseits und Beweisantragsrecht der Parteien andererseits gehört zu den Grundüberzeugungen des Strafprozeßrechts. Diese Balance könnte bzw. sollte nur durch eine tiefgreifende Systemänderung mit kodifikatorischem Charakter abgeändert werden.

Daher ist die Einordnung des Experimentalbeweisantrages als „echter" Beweisantrag insbesondere aus dogmatischer Sicht wichtig. Selbst dann, wenn in Einzelfällen – falls eine Augenscheinseinnahme verlangt wird – gleiche Ergebnisse gemäß § 244 Abs. 2 StPO wie auch gemäß § 244 Abs. 5 StPO gezeitigt würden.

Es bleibt als gewichtiges rechtspolitisches Argument festzuhalten:

Nur durch die Qualifizierung des Experimentalbeweisantrages als echter Beweisantrag kann eine angemessene Machtbalance zwischen Gericht und Verfahrensbeteiligten erreicht und gewahrt werden.

14. Die Tendenz vieler Revisionsgerichte, den Experimentalbeweisantrag gemäß § 244 Abs. 2 StPO zu beurteilen, mag sich auch aus der soziologischen Gegebenheit erklären, den unmittelbaren Berufskollegen größtmögliche Handlungsspielräume einzuräumen. Dieser soziologischen Determinante ist im Interesse der übrigen Verfahrensbeteiligten entgegenzutreten. Die tiefgreifenden Veränderungen, die das Strafverfahren insbesondere für den Beschuldigten mit sich bringen, gebieten, insoweit den harten Beurteilungsmaßstab des § 244 Abs. 3-5 StPO und nicht den Beurteilungsmaßstab des § 244 Abs. 2 StPO anzulegen.

15. Aus diesen Betrachtungen ergibt sich, daß eine Behandlung des Experimentalbeweisantrages als echter Beweisantrag sich wesentlich sinnvoller und ohne Regelungs- und Wertungswidersprüche in das Gesamtgefüge des Beweisantragsrechts einfügen läßt.

Als Fazit zur Frage der Behandlung des Experimentalbeweisantrages in der Hauptverhandlung bleibt daher festzuhalten:

---

130 Vgl. § 244 Abs. 5 S. 2 StPO, eingefügt durch Gesetz zur Entlastung der Rechtspflege vom 11.1.1993; Dahs/Dahs, Rdn. 335.

Der Experimentalbeweisantrag stellt einen echten Beweisantrag gemäß § 244 Abs. 3-5 StPO dar.

Der Experimentalbeweisantrag läßt sich als herkömmliches Beweismittel qualifizieren. Die Behandlung richtet sich konkret nach den in ihm enthaltenen Bestandteilen.

C. Der Experimentalbeweisantrag und seine konkrete Handhabung in der Hauptverhandlung

Im vorhergehenden Abschnitt ist festgestellt worden, daß der Experimentalbeweisantrag generell als echter Beweisantrag zu qualifizieren ist. Es wurde festgestellt, daß der Experimentalbeweisantrag sich nach den Regeln des § 244 Abs. 3-5 StPO richtet.

Im folgenden Abschnitt soll der Experimentalbeweisantrag und seine konkrete Handhabung in der Hauptverhandlung anhand einzelner Beispielsfälle, d.h. Gegenüberstellungen, Stimmenvergleiche sowie experimenteller Erprobungen und Rekonstruktionen, eingehend betrachtet werden. An dieser Stelle soll ausdrücklich betont werden, daß keine umfassende empirische Analyse der Rechtsprechung erbracht werden soll. Die genannten Beispiele erheben nicht den Anspruch der Vollständigkeit, sondern sollen nur exemplarisch und schlaglichtartig die Probleme des Experimentalbeweisantrages beleuchten.

Bei der Untersuchung, wie der Experimentalbeweis konkret in der Hauptverhandlung zu handhaben ist, muß zwischen vier verschiedenen Fragenkomplexen unterschieden werden:

- Als erstes ist die Frage zu klären, ob der Experimentalbeweisantrag echter Beweisantrag gemäß § 244 Abs. 3-5 StPO ist oder das bloße richterliche Ermessen ausschlaggebend ist.
- Zum zweiten muß geklärt werden, wie der Experimentalbeweisantrag konkret in der Hauptverhandlung erhoben wird, das heißt nach welchen Regeln die Art und Weise der Beweisaufnahme vonstatten geht; ob es sich um einen Zeugen-, Sachverständigen- oder Augenscheinsbeweisantrag handelt, ob also die Beweisaufnahme den Regeln eines Zeugen, eines Sachverständigen oder eines Augenscheinbeweisantrages folgt.[131] Nach Klärung dieser Fragen sind sodann einzelne Beispielsfälle, das heißt Experimente, Rekonstruktionen und Gegenüberstellungen bzw. Stimmenvergleiche, zu untersuchen.
- Zum dritten ist der allgemeine Beweiswert der erhobenen Beweise im Rahmen des § 261 StPO zu würdigen. Hier kommt insbesondere die Frage in Betracht, ob der Experimentalbeweis nicht ein ungeeignetes Beweismittel

---

[131] So der Heidelberger Komm.-Julius § 244 Rdn. 64.

wegen der Einmaligkeit des unter Beweis gestellten Vorganges ist. Zum anderen muß der Grundsatz in dubio pro reo bei der Beweiswürdigung Beachtung finden.

- Zum vierten ist der Mißbrauch des Beweisantragsrechts auf Experimentalbeweis in Betracht zu ziehen. Es ist also auf die sog. Konfliktverteidigung näher einzugehen.

I. Antragsqualität

Der Experimentalbeweisantrag, das heißt Anträge auf Experimente, Rekonstruktionen und Gegenüberstellungen, sind nach der hier vertretenen Auffassung entgegen der herrschenden Meinung generell echte Beweisanträge.

Da ein Experimentalbeweisantrag aus mehreren Beweismitteln zusammengesetzt ist, ist folglich fraglich, welches Glied der Beweismittelkette maßgebend ist.

Der Experimentalbeweis kann dabei je nach Lage des Falles aus jeweils verschiedenen Beweismitteln zusammengesetzt sein. Hier seien einige Beispiele angeführt:

- Bei der Identifizierungsgegenüberstellung besteht der Experimentalbeweisantrag aus einer Inaugenscheinsnahme und einer anschließenden Zeugenbefragung.
- Bei der Vernehmungsgegenüberstellung handelt es sich um die Kombination zweier Zeugenbeweise.
- Bei den Anträgen auf Durchführung von Experimenten und Rekonstruktionen (Fahrversuche, Trinkversuche etc.) handelt es sich beispielsweise um einen Augenschein unter Umständen kombiniert mit einem Sachverständigengutachten.

Aufgrund der Vielzahl der verschiedenen Beweismittelkombinationen verbietet sich eine generalisierende Betrachtungsweise. Es ist vielmehr je nach Lage des Falles zu entscheiden, welche Vorschriften des § 244 Abs. 3-5 StPO eingreifen.

Dabei lassen sich folgende Fallgruppen unterscheiden:

1. Vernehmungsgegenüberstellung
2. Identifizierungsgegenüberstellung
3. Experimentelle Erprobungen und Rekonstruktionen.
    - Bei der Vernehmungsgegenüberstellung handelt es sich um eine Kombination zweier Zeugenbeweise. Daher liegt bei der Vernehmungsgegenüberstellung aufgrund des „Erst-recht-Schlusses“ ein echter Beweisantrag vor, der sich nach § 244 Abs. 3 S. 2 StPO richtet.
    - Bei der Identifizierungsgegenüberstellung handelt es sich um eine Kombination von vorhergehender Inaugenscheinsnahme und anschließender Zeugenvernehmung. Bei der Beantwortung der Frage, ob der Beweisantrag

sich nach § 244 Abs. 3 StPO oder aber nach § 244 Abs. 5 StPO richtet, ist nach der Angabe des Beweismittels, hier des Zeugen, zu entscheiden. Der ebenfalls mitgenannte Augenschein erstarkt aufgrund des Fairneßgrundsatzes[132] zu einem echten Beweisantrag gemäß § 244 Abs. 3 StPO. Hier wird auf den analogen Fall der Vernehmung eines Sachverständigen und der notwendig vorliegenden Exploration (= Augenschein) verwiesen.

- Bei experimentellen Erprobungen handelt es sich je nach Angabe des Beweismittels um einen Sachverständigenbeweis oder eine Augenscheinseinnahme.

II. Art und Weise der Beweisaufnahme

Davon zu unterscheiden ist die Frage, welchen Regeln die Durchführung der Beweisaufnahme folgt. Soweit Experimente zulässig sind, bleiben die einzelnen Beweismittel selbständig und folgen den für sie jeweils geltenden Regeln[133].

III. Einzelne Beispielsfälle des Experimentalbeweises

– Gegenüberstellungen

a) Vernehmungsgegenüberstellung

Bei der Gegenüberstellung wird zwischen einer sog. Vernehmungsgegenüberstellung und einer Identifizierungsgegenüberstellung unterschieden[134]. Die Vernehmungsgegenüberstellung ist eine besondere Gestaltung der Zeugeneinvernahme und Befragung. Sie ist auch schon für das Vorverfahren in § 58 Abs. 2 StPO vorgesehen. Danach ist eine Gegenüberstellung eines Zeugen mit einem oder mehreren Zeugen oder mit dem Beschuldigten zulässig. Bei dieser Vernehmungsgegenüberstellung sollen Widersprüche zwischen einer Zeugenaussage und den Angaben des Beschuldigten oder eines anderen Zeugen durch Rede und Gegenrede, Fragen und Vorhalte geklärt werden. Zum selben Beweisthema werden also zwei Beweismittel, das heißt zumindest zwei Zeugen, miteinander kombiniert. Es handelt sich hier um eine besondere Art der Vernehmung der beiden sich gegenüber gestellten Personen[135].

Die herrschende Ansicht geht davon aus, daß in der Hauptverhandlung Gegenüberstellungen ohne besondere gesetzliche Grundlage im Rahmen des § 244

---

132 So auch Kleinknecht/Meyer-Goßner Einl. Rdn. 19.

133 SK-Schlüchter § 244 Rdn. 18; Pfeiffer § 244 Rdn. 6; Heidelberger Komm.-Julius § 244 Rdn. 64.

134 KK-Herdegen § 244 Rdn. 15.

135 Kleinknecht/Meyer-Goßner § 58 Rdn. 10.

Abs. 2 StPO vorgenommen werden können[136]. Diese herrschende Ansicht ist jedoch abzulehnen. Wie im vorhergehenden Abschnitt gezeigt worden ist, muß der Experimentalbeweisantrag – hier der Antrag auf Vernehmungsgegenüberstellung – als echter Beweisantrag qualifiziert werden. Bei der Vernehmungsgegenüberstellung werden zu einem neuen Beweisthema[137] zwei Beweismittel, das heißt hier zwei Zeugen, miteinander kombiniert. Wenn aber ein Beweisantrag, gerichtet auf Vernehmung eines Zeugen, mit einem neuen Beweisthema, zu dem der bisherige Zeuge noch nicht vernommen worden ist, schon einen Beweisantrag darstellt, so muß im „Erst-recht-Schluß“ die Vernehmung zweier Zeugen zu einem neuen Beweisthema erst recht einen echten Beweisantrag, der gemäß § 244 Abs. 3 S. 2 StPO zu behandeln ist, darstellen[138]. Ein Beweisantrag, über den nach § 244 Abs. 3 StPO zu entscheiden ist, liegt also vor, wenn bestimmte Beweistatsachen angegeben werden, die im Verhältnis zum Beweisthema, zu dem der Zeuge sich bereits äußerte, neu sind[139].

Der von *Herdegen* im Karlsruher Kommentar (§ 244 Rn. 15) angeführte Fall BGH StV 1988, 469 (471), betrifft bei genauerer Betrachtung allerdings eine Identifizierungs- und keine Vernehmungsgegenüberstellung. Er kann also in Wahrheit nicht als Beleg dafür verwandt werden, daß auf eine Vernehmungsgegenüberstellung kein subjektives Recht der Prozeßbeteiligten bestehe. Denn es wird im Fall BGH StV 1988, 471, der US-Soldat H. als Zeuge dafür benannt, daß er

1. nach dem Überfall auf die Zweigstelle der S-Bank in O. am 15. Januar 1986 die beiden flüchtenden Täter genau gesehen und erkannt habe,
2. bei einer Gegenüberstellung mit dem Angeklagten sowie dem früheren Mitangeklagten Sch. erklären werde, diese beiden Personen seien nicht die von ihm erkannten flüchtenden Täter gewesen.

Damit handelt es sich um eine Identifizierungs- und keine Vernehmungsgegenüberstellung. Daher ist dieser Fall hier nicht einschlägig.

Auch der zweite von Herdegen im Karlsruher Kommentar (§ 244 Rn. 15 StPO) angeführte Fall stellt keine Vernehmungsgegenüberstellung dar[140]. Wie schon der Leitsatz der Entscheidung mitteilt, handelt es sich nur um einen Beweisantrag, einen bereits vernommenen Zeugen zum selben Beweisthema nochmals zu vernehmen. Diesem braucht das Gericht nicht zu entsprechen, weil ein derarti-

---

136 BGH StV 1995, 566 (567); KK-Herdegen § 244 Rdn. 15; Kleinknecht/Meyer-Goßner § 58 Rdn. 8; Heidelberger Komm.-Julius § 244 Rdn. 12, spricht davon, daß in der Regel § 244 Abs. 2 Anwendung findet.

137 BGH StV 1995, 566 (567).

138 So auch SK-Schlüchter § 244 Rdn. 17 a.E.

139 KK-Herdegen § 244 Rdn. 15.

140 BGH StV 1991, 2.

ges Verlangen lediglich auf eine Wiederholung abzielt. Hier ist lediglich die Aufklärungspflicht maßgebend. Anders verhält es sich aber, wenn der Zeuge zu einer neuen Beweisbehauptung vernommen werden soll[141]. Somit kann festgestellt werden, daß ein Beweisantrag, gerichtet auf eine sog. Vernehmungsgegenüberstellung, gemäß § 244 Abs. 3 S. 2 StPO zu behandeln ist.

Zur Durchführung der Beweisaufnahme läßt sich folgendes feststellen: Auch wenn Beweismittel gleichzeitig benutzt werden, folgen sie den für sie jeweils geltenden Regeln[142]. Bei der Gegenüberstellung eines Zeugen mit einem anderen Zeugen oder mit dem Angeklagten greifen also die Vorschriften über den Beweis durch Zeugen oder über das Fragerecht der Beteiligten ein[143].

Der Beweiswert der erhobenen Beweise im Rahmen des § 261 StPO ist im Falle einer Vernehmungsgegenüberstellung ungeschmälert. An der Geeignetheit des Beweismittels bestehen nämlich keine Bedenken.

Auch bei der Frage des Mißbrauchs des Beweisantragsrechts auf Vernehmungsgegenüberstellung bestehen keine tiefgreifenden Bedenken. Denn wenn die Vernehmungsgegenüberstellung eine Erstgegenüberstellung ist, so trägt diese regelmäßig erheblich zur Klärung strittiger Punkte bei. Handelt es sich um eine erneute Einvernahme von Zeugen, so muß ein neues Beweisthema angegeben werden. Dadurch können die Beweisanträge der Prozeßsubjekte nicht ausufern.

b) Identifizierungsgegenüberstellung

Bei der Identifizierungsgegenüberstellung ist folgende Konstellation gegeben:

Es handelt sich um eine Kombination von Inaugenscheinsnahme und anschließender Zeugenvernehmung. Dabei ist zwischen optischer, das heißt mit dem Gesichtssinn, und der Identifizierung mit dem Gehörssinn (sog. Stimmenvergleich) zu unterscheiden. Bei der optischen Identifizierungsgegenüberstellung werden in der Hauptverhandlung mehrere Personen nebeneinander gestellt. Unter ihnen befindet sich der Angeklagte. Danach wird der Zeuge hereingerufen und mit den Probanden konfrontiert. Sodann nimmt der Zeuge die Personen in Augenschein. Anschließend äußert sich der Zeuge aufgrund seiner Wahrnehmungen zur Frage der Identität des Angeklagten. Dem Zeugen, der einen Täter identifizieren soll, sind regelmäßig mehrere Personen gleichen Geschlechts, ähnlichen Alters und entsprechenden Erscheinungsbildes gegenüberzustellen[144].

---

141 BGH StV 1995, 566; SK-Schlüchter § 244 Rdn. 17; Kleinknecht/Meyer-Goßner § 244 Rdn. 26.

142 Pfeiffer § 244 Rdn. 6; BGHSt 33, 217.

143 Löwe/Rosenberg-Gollwitzer § 244 Rdn. 17; KK-Herdegen § 244 Rdn. 15; SK-Schlüchter § 244 Rdn. 17; BGH StV 1988, 471.

144 RiStBV Nr. 18; BGHSt 40, 66 (68) = BGH NStZ 1994, 597 mit Anmerkung Eisenberg; OLG Karlsruhe NStZ 1983, 377; Odenthal, S. 433.

Fraglich ist wiederum, wie der Beweisantrag auf Identifizierungsgegenüberstellung zu qualifizieren ist, das heißt, ob die Prozeßsubjekte darauf einen Rechtsanspruch haben. Zum Teil wird davon ausgegangen, daß die Prozeßsubjekte auf eine Identifizierungsgegenüberstellung keinen Anspruch haben[145]. Teilweise wird diese Frage offengelassen[146].

Zutreffenderweise muß aber den Prozeßsubjekten ein durchsetzbarer Anspruch gemäß § 244 Abs. 3-5 StPO zugestanden werden, denn der Beweisantrag auf Gegenüberstellung kann lauten:

> „Beantragt wird die Vernehmung des Zeugen X dafür, daß er bei einer Gegenüberstellung mit dem Angeklagten erklären werde, dieser sei mit der von ihm am Tatort gesehenen Person nicht identisch."[147]

Es handelt sich also um eine Kombination von vorhergehender Inaugenscheinsnahme und anschließender Zeugenvernehmung. Bei der Beantwortung der Frage, ob der Beweisantrag sich nach den Regeln des § 244 Abs. 3 StPO oder nach § 244 Abs. 5 StPO richtet, ist nach der Angabe des Beweismittels zu entscheiden[148]. Als Beweismittel wird in dem ebengenannten Beweisantrag aber der Zeuge benannt. Daher ist der Beweisantrag auf Identifizierungsgegenüberstellung gemäß § 244 Abs. 3 StPO zu behandeln.

Denn würde die Identifizierungsgegenüberstellung in der Hauptverhandlung nur an § 244 Abs. 5 StPO gemessen werden, so würden versierte Prozeßsubjekte dazu neigen, diese Vorschrift auszuhebeln. Insbesondere der Strafverteidiger, der zwar kein eigenes Ladungsrecht besitzt, könnte dazu neigen, den Zeugen im Rahmen einer freien Zeugenbefragung in seiner Kanzlei mit einer angekündigten Identifizierungsgegenüberstellung zu konfrontieren. Um seine Beweisergebnisse zu sichern, könnte der Strafverteidiger neben den gegenübergestellten Personen auch weitere Zeugen für das Identifizierungsergebnis mit laden. Hierbei ist insbesondere zu bedenken, daß eine wiederholte Gegenüberstellung nur von sehr geringem Beweiswert ist. Daher wäre der Strafverteidiger darauf angewiesen, sein im Rahmen einer Gegenüberstellung in seiner Kanzlei gewonnenes Beweisergebnis in Form von Zeugenaussagen in die Hauptverhandlung einzuführen. Damit ergäben sich aber spezifische Probleme: Insbesondere steht hier eine Verletzung des Unmittelbarkeitsgrundsatzes in Rede. Denn statt daß das Gericht unmittelbar in der Hauptverhandlung die Beweise erhebt bzw. im

---

145 Kleinknecht/Meyer-Goßner § 58 Rdn. 8; BGH NJW 1960, 2156 (2157).

146 So spricht Löwe/Rosenberg-Gollwitzer § 244 Rdn. 95, davon, daß die Anträge auf Gegenüberstellung in der Regel keine Beweisanträge sind. Ebenso äußert sich Heidelberger Komm.-Julius § 244 Rdn. 12, wonach das Tatgericht in der Regel nach § 244 Abs. 2 bei Gegenüberstellungen zu befinden hat.

147 Heidelberger Komm.-Julius § 244 Rdn. 64.

148 Vgl. den Rechtsgedanken von Heidelberger Komm.-Julius § 244 Rdn. 64, S. 933 a.E.

Vorverfahren eine Gegenüberstellung vorgenommen wird, ist das Gericht auf mittelbare Zeugenangaben beschränkt. Des weiteren würde die Justizförmigkeit des Verfahrens leiden, wenn der Strafverteidiger zu solchen Verteidigungshandlungen seine Zuflucht nehmen müßte.

Im angegebenen Beispiel eines Beweisantrages auf Identifizierungsgegenüberstellung entscheidet daher das angeführte Beweismittel, das heißt, ausschlaggebend ist, daß der Zeuge als Beweismittel genannt worden ist. Somit richtet sich ein mit „entsprechend bestimmtem Beweismittel“ bezeichneter Beweisantrag nach § 244 Abs. 3 S. 2 StPO.

Zu der Art und Weise der Beweisaufnahme bei der Identifizierungsgegenüberstellung ist anzumerken:

Die Identifizierungsgegenüberstellung erfolgt regelmäßig schon im Vorverfahren[149]. Dem Zeugen, dem die Täteridentifizierung übertragen ist, sind eine Vielzahl von Personen (in der Regel acht bis zwölf), nicht der Beschuldigte allein, gegenüberzustellen. Die für das Vorverfahren vorgesehene Regelung der Nr. 18 RiStBV hat paradigmatischen Charakter auch für die Hauptverhandlung. Danach soll durch eine Gegenüberstellung geklärt werden, ob der Beschuldigte der Täter ist. So sind dem Zeugen nicht nur der Beschuldigte, sondern zugleich auch eine Reihe anderer Personen gleichen Geschlechts, ähnlichen Alters und entsprechender Erscheinung gegenüberzustellen, und zwar in einer Form, die nicht erkennen läßt, wer von den Gegenübergestellten der Beschuldigte ist (Wahlgegenüberstellung). Die Vergleichspersonen müssen dem Beschuldigten also sowohl in ihrer äußeren Erscheinung (Haartracht, Haarfarbe, Brille, Bart, Kleidung) als auch in Größe, Gestalt und Alter einigermaßen ähneln[150].

Die Identifizierungsgegenüberstellung ist für den Zeugen, der den Täter identifizieren soll, eine Vernehmung mit der Verweigerungsmöglichkeit nach §§ 52 und 55 StPO[151].

Fraglich ist, ob der Angeklagte ein Recht hat, seine Mitwirkung an der Gegenüberstellung zu verweigern. Die herrschende Meinung geht davon aus, daß der gegenübergestellte Angeklagte sich von dem Zeugen in Augenschein nehmen lassen müsse, auch wenn der Angeklagte die Einlassung verweigere[152]. Es wird aber auch die Ansicht vertreten, der Angeklagte, der keine Angaben zur Sache machen wolle, könne die Gegenüberstellung zum Zwecke der Identitätsfeststel-

---

149 Nr. 18 RiStBV; Löwe/Rosenberg-Dahs § 58 Rdn. 13.

150 BGHSt 40, 66 (68); BGH StV 1993, 627; Löwe/Rosenberg-Dahs § 58 Rdn. 13.

151 Pfeiffer § 58 Rdn. 2; Löwe/Rosenberg-Dahs § 58 Rdn. 12; Kleinknecht/Meyer-Goßner § 58 Rdn. 9; KK-Senge § 58 Rdn. 8; Volk § 21 Rdn. 8.

152 BGHSt 34, 39 (49); KG NJW 1979, 1668; Löwe/Rosenberg-Dahs § 58 Rdn. 12; KK-Senge § 58 Rdn. 8; Odenthal NStZ 1985, 433 (434); Rogall, S. 57.

lung verweigern[153]. Nach der herrschenden Ansicht ergibt sich die Rechtspflicht des Beschuldigten, sich einem Zeugen gegenüberstellen zu lassen, aus § 58 Abs. 2 StPO[154]. Zum Teil wird innerhalb der herrschenden Meinung davon ausgegangen, daß sich die Rechtsgrundlage aus § 81 b StPO ergebe[155]. Nach anderer Auffassung soll die Gegenüberstellung eine körperliche Untersuchung nach § 81 a StPO darstellen[156]. Der herrschenden Ansicht kann jedoch nicht gefolgt werden, denn bei allen gerichtlichen Handlungen, die sich gegen den Körper des Beschuldigten richten, ist der Grundsatz des *nemo tenetur se ipsum accusare* zu beachten. Die Identifizierungsgegenüberstellung ist aber im Katalog der §§ 81-81 c StPO nicht enthalten. Daher kann sich der Angeklagte aufgrund des Nemo tenetur-Grundsatzes einer Identifizierungsgegenüberstellung im Falle seiner Einlassungsverweigerung entziehen[157].

Zum Beweiswert der Identifizierungsgegenüberstellung:

Der Beweiswert des Wiedererkennens bei der Gegenüberstellung darf nicht zu hoch eingeschätzt werden, denn es handelt sich um die Würdigung einer besonderen Indizienbeweissituation. Insbesondere der Beweiswert von Zeugenaussagen, die den Angeklagten identifizieren, ist wesentlich von den Umständen und Bedingungen der jeweiligen Personen in dieser Identifizierungssituation abhängig[158]. Wie die Untersuchungen über Fehlurteile[159] im Strafprozeß zeigen, sind zahlreiche Fehlurteile in Wiedererkennungsfällen auf Fehler in der Beweiswürdigung oder der Beweiserhebung zurückzuführen[160]. Erkennt zum Beispiel ein Zeuge den Angeklagten in der Hauptverhandlung „einwandfrei“ wieder, darf darauf nicht abgestellt werden, wenn derselbe Zeuge sich bei der ersten Gegenüberstellung noch unsicher war[161]. Das Urteil muß Angaben darüber enthalten, ob die Persönlichkeit des Zeugen und die Wahrnehmungssituation im Tatzeitpunkt überhaupt eine Identifizierung des Angeklagten zuließen und in welcher Form die Identifizierung selbst stattfand[162].

Etwaige Fehler, die dem Tatgericht bei der Gegenüberstellung unterlaufen (beispielsweise Einzelgegenüberstellung), führen nicht zwingend zu einem rechtli-

---

153 Grünwald JZ 1981, 423 (426); Beulke Rdn. 127.

154 Kleinknecht/Meyer-Goßner § 58 Rdn. 9.

155 Roxin § 33 A III. d; Schlüchter, S. 185.

156 Odenthal NStZ 1985, 434.

157 Im Ergebnis so auch Grünwald JZ 1981, 426; Burgdorf/Ehrentraut/Lesch GA 1987, 106 f.; Hellmann II § 5 Rdn. 7.

158 Heidelberger Komm.-Julius § 261 Rdn. 40.

159 Niemöller StV 1984, 431 (441), spricht vom „Fundus der Wiedererkennungsfälle“.

160 Odenthal NStZ 1985, 433 (437) m.w.N. bei Fn. 1; Niemöller StV 1984, 431 (441).

161 Odenthal NStZ 1985, 433 (437).

162 OLG Celle StV 1992, 412; Heidelberger Komm.-Julius § 261 Rdn. 40.

chen Verbot der Verwertung des Beweismittels[163]. Diese Fehler beeinträchtigen aber den Beweiswert der Identifizierungsgegenüberstellung und müssen daher dringend bei der Beweiswürdigung, das heißt im Urteil, berücksichtigt werden und ihren Ausdruck finden[164]. Besonders kritisch ist daher der Beweiswert einer Einzelgegenüberstellung[165] und auch der wiederholten Wiedererkennung zu beurteilen, weil deren Verläßlichkeit durch das vorangehende Wiedererkennen in erheblichem Maße beeinträchtigt wird[166]. Auch bei erstmaliger Identifizierungsgegenüberstellung und einer Wiedererkennung des Angeklagten in der Hauptverhandlung hat das Tatgericht den möglicherweise geringen Beweiswert durch die im Sitzungssaal herrschenden Umstände, also zum Beispiel die besondere Drucksituation für den Zeugen, zu berücksichtigen. Insbesondere hat das Tatgericht gegebenenfalls zu erwägen und zu erörtern, ob nicht der identifizierende Zeuge den identifizierten Angeklagten bereits im Vorverfahren wiedererkannt haben könnte[167].

c) Stimmenvergleich

Zur akustischen Gegenüberstellung, dem sog. Stimmenvergleich, ist folgendes anzumerken: In bestimmten Fällen kann für die Identifizierung eines Tatverdächtigen ein Stimmenvergleich hilfreich sein. Dabei gelten generell die für die Gegenüberstellung mit einem Augenzeugen anerkannten Grundsätze entsprechend[168].

Dies bedeutet: Es handelt sich wiederum um eine Kombination zweier Beweismittel, also von Inaugenscheinsnahme und anschließender Zeugenvernehmung bezüglich der Inaugenscheinsnahme. Beim Stimmenvergleich wird allerdings statt des Gesichtssinns der Gehörssinn in Anspruch genommen. Aus den eben bei der Identifizierungsgegenüberstellung genannten Gründen muß es sich wieder bei entsprechend bestimmter Beweismittelangabe, gerichtet auf Zeugeneinvernahme, um einen echten Beweisantrag handeln, der gemäß § 244 Abs. 3 S. 2 StPO zu bescheiden ist.

Zu der Art und Weise der Beweisaufnahme läßt sich wiederum feststellen, daß sichergestellt werden muß, daß der Zeuge die Stimme des Tatverdächtigen nicht isoliert, sondern mit mehreren anderen Stimmen vorgespielt erhält. Dabei ist wie analog zur Identifizierungsgegenüberstellung zu beachten, daß die Vergleichs-

---

163 Löwe/Rosenberg-Dahs § 58 Rdn. 13.

164 Löwe/Rosenberg-Dahs § 58 Rdn. 13.

165 BGH NJW 1994, 1807.

166 OLG Celle StV 1987, 429 m.w.N.; Heidelberger Komm.-Julius § 261 Rdn. 40.

167 OLG Köln StV 1994, 67; Heidelberger Komm.-Julius § 261 Rdn. 40.

168 BGHSt 40, 66 (68); Löwe/Rosenberg-Dahs § 58 Rdn. 15; Pfeiffer § 58 Rdn. 2; Kleinknecht/Meyer-Goßner § 58 Rdn. 14; KK-Senge § 58 Rdn. 9.

stimmen eine gewisse Klangähnlichkeit, zum Beispiel bezüglich Stimmlage, Dialekt, fremdländischem Akzent, aufweisen müssen[169].

Wie bei der Identifizierungsgegenüberstellung hat auch hier der Angeklagte aufgrund des Nemo tenetur-Grundsatzes das Recht, seine Mitwirkung an dem Stimmenvergleich zu verweigern[170].

Die Grundsätze über den Beweiswert einer optischen Gegenüberstellung können auf die Wiedererkennung aufgrund Stimmenvergleichs wegen der qualitativ geringeren Geeignetheit akustischer Informationen nur bedingt entsprechend angewandt werden[171]. Denn der Beweiswert solcher sog. „Ohrenzeugen" ist äußerst umstritten. Denn die Forschungsergebnisse auf dem Gebiet der Wiedererkennung von menschlichen Stimmen durch Laien sind noch unzureichend[172].

Fehler beim Stimmenvergleich führen zwar nicht notwendig dazu, daß die Identifizierung durch den Zeugen jeden Beweiswert verliert. Entsprechend einer mangelhaften optischen Gegenüberstellung muß sich jedoch der Tatrichter des stark eingeschränkten Beweiswerts einer solchen Identifizierung bewußt sein, und er muß diese Überlegung in einer Gesamtschau auch in den Urteilsgründen würdigen[173].

Ein Stimmenvergleich ist unzulässig, wenn er durch heimliches Abhören des Tatverdächtigen ermöglicht worden ist[174]. Eine gesetzliche Eingriffsgrundlage ergibt sich nicht aus § 100 c StPO. Denn § 100 c StPO regelt nur den Einsatz von technischen Mitteln für Observationszwecke. Nicht unter diese Vorschrift fällt die sog. Spurensicherung zum Zwecke der Beweissicherung und Auswertung[175]. Weiter besteht für den Angeklagten keine Verpflichtung zu sprechen, um eine Identifizierung zu ermöglichen. Denn der Angeklagte darf von seinem Schweigerecht aus § 136 StPO umfassend Gebrauch machen[176].

Abschließend bleibt festzustellen, daß die Identifizierung eines Verdächtigen ausschließlich an seiner Stimme mit einer zur Verurteilung ausreichenden Sicherheit aber nur selten möglich sein wird[177].

---

169 BGHSt 40, 66 (69).

170 Meurer StV 1998, 178 (179 bei Fn. 7).

171 Eisenberg NStZ 1994, 598; Heidelberger Komm.-Julius § 261 Rdn. 40.

172 Künzel GA 1988, 215; Meurer StV 1998, 178 (179).

173 BGH NStZ 1994, 598 mit Anmerkung Eisenberg; Löwe/Rosenberg-Dahs § 58 Rdn. 15.

174 AG Freiburg StV 1988, 383; Löwe/Rosenberg-Dahs § 58 Rdn. 15.

175 Pfeiffer § 100 c Rdn. 1.

176 AG Freiburg StV 1988, 383.

177 Ackemann, S. 21 f.; Kleinknecht/Meyer-Goßner § 58 Rdn. 15.

IV. Experimentelle Erprobungen und Rekonstruktionen

Im folgenden sollen einzelne ausgesuchte Fälle, zumeist höchstrichterliche Judikate, einer differenzierten Betrachtung unterzogen werden. Im einzelnen sollen dabei insbesondere die Antragsqualität, das heißt erstens die Frage, ob es sich um einen echten Beweisantrag handelt, zu dem die Art und Weise der Beweisaufnahme, also zweitens nach welchen Regeln sie sich richtet, sowie drittens die Bescheidung des entsprechenden Antrags untersucht werden.

1. Fahrversuche (BGH VRS 35, 264)

Zum Sachverhalt: Der Angeklagte entwendete nachts gemeinschaftlich mit seiner Ehefrau und einem weiteren Mittäter von einem Lagerplatz 10 m Kupferbleikabel im Werte von DM 1.000,-. Zum Abtransport benutzten sie einen ebenfalls gestohlenen Personenkraftwagen. Auf dem Wege vom Tatort traf der Angeklagte, der den Wagen fuhr, auf eine Polizeikontrolle. Auf eine Entfernung von 100 bis 150 m sah er auf der Fahrbahn der K.-Landstraße einen Polizeibeamten, der mit einer rotleuchtenden Kelle winkte. Um diesen zu täuschen, fuhr er mit stark verminderter Geschwindigkeit rechts an den Fahrbahnrand. Als er noch etwa 20 m von dem Polizisten entfernt war, bog er wieder nach links aus, erhöhte seine Geschwindigkeit und fuhr auf den Beamten zu. Dieser sprang, als der Angeklagte noch etwa 10 m von ihm entfernt war, und mit 35 bis 40 km/h auf ihn zufuhr, zur Seite. Ein Streifenwagen verfolgte daraufhin den Angeklagten. In der G.-Straße versuchte die Besatzung eines anderen Streifenwagens, ihn anzuhalten. Der Angeklagte erkannte auf eine Entfernung von 120 bis 150 m einen auf der Mitte der 6,3 m breiten Fahrbahn stehenden Beamten, der mit einer roten Taschenlampe Haltezeichen gab, und fuhr mit unverminderter Geschwindigkeit von mindestens 80 bis 90 km/h auf ihn zu, um ihn zum Ausweichen zu zwingen. Als er noch etwa 20 bis 25 m entfernt war, sprang der Beamte zur Seite.

Das Schwurgericht hat den Angeklagten u.a. wegen versuchten Mordes in zwei Fällen verurteilt. Das Schwurgericht stellt in den Urteilsgründen fest, der Angeklagte habe zwar nicht beabsichtigt, die beiden Polizeibeamten zu töten, habe jedoch einen solchen Ausgang bewußt in Kauf genommen, um nicht als Dieb des Wagens und des Kabels erkannt zu werden. Wenn er auch damit gerechnet habe, daß die Beamten im letzten Augenblick versuchen würden, sich durch einen Sprung zur Seite in Sicherheit zu bringen, so sei ihm doch klar gewesen, daß der Erfolg eines solchen Versuchs nur von der Geistesgegenwart und der Geschicklichkeit der Beamten und von anderen, dem Einfluß des Angeklagten entzogenen Zufälligkeiten abhing. Zu bremsen habe der Angeklagte ersichtlich nicht selbst erwogen. Ein zuverlässig sicheres Ausweichen sei ihm aber wegen der kurzen Entfernung im ersten, wegen der hohen Geschwindigkeit im zweiten Fall nicht mehr möglich gewesen, da er im Führen eines Kraftfahrzeugs kaum geübt und mit den Fahreigenschaften des schwerbeladenen Wagens höchstens oberflächlich vertraut gewesen sei, zumal er nicht habe voraussehen können, nach welcher Seite hin die Beamten wegspringen würden.

Gegen dieses Urteil wendet sich der Angeklagte mit der Revision.

Der Bundesgerichtshof führt dazu aus:

> „Der Beschwerdeführer behauptet, die Auffassung des Schwurgerichts, der Angeklagte hätte den Polizeibeamten nicht mehr rechtzeitig ausweichen können, stehe im Widerspruch zu den aus dem Hauptverhandlungsprotokoll ersichtlichen Ausführungen des gerichtlichen Sachverständigen. ... Das Schwurgericht stellt keineswegs in Abrede, daß rein technisch ein Ausweichen in beiden Fällen noch möglich gewesen wäre. Es ist trotzdem überzeugt, daß der Angeklagte nicht mehr hätte ausweichen können, weil er an sich keine Erfahrung im Führen von Kraftfahrzeugen hatte, und überdies mit den Fahreigenschaften des schwerbeladenen Wagens nicht genügend vertraut war.
>
> Diese Überzeugung konnte das Schwurgericht auch ohne Hilfe eines Sachverständigen und ohne Rekonstruktion des Tathergangs gewinnen. Derartige Beweiserhebungen wären nicht geeignet gewesen, die Klärung des Sachverhalts wesentlich zu fördern. Die Überprüfung der Fahrfähigkeit des Angeklagten hätte nur dann einen Sinn gehabt, wenn sie unter genau denselben äußeren und inneren Bedingungen durchgeführt worden wäre, wie sie bei der Tat selbst vorlagen. Das war indessen nicht möglich, insbesondere das Überraschungsmoment bei den Beteiligten und die Notwendigkeit blitzschneller Entschlüsse war nicht getreu wieder herzustellen. Daher hat das Schwurgericht die Aufklärungspflicht nicht dadurch verletzt, daß es keinen Fahrtest unter Mitwirkung eines Sachverständigen mit dem Angeklagten hat durchführen lassen."

Der Bundesgerichtshof geht ersichtlich davon aus, daß die Rekonstruktion des Tathergangs mithilfe eines Sachverständigen lediglich anhand der Aufklärungspflicht gemäß § 244 Abs. 2 StPO zu beurteilen ist. Dies läßt der Satz erkennen:

> „Derartige Beweiserhebungen wären nicht geeignet gewesen, die Klärung des Sachverhalts wesentlich zu fördern."

Damit folgt der Bundesgerichtshof der herrschenden Meinung[178].

Abweichende Ansichten werden allerdings auch vertreten. Danach soll Anträgen auf Vornahme von Versuchen auf Rekonstruktion des Tatgeschehens nur entsprochen werden, wenn die Aufklärungspflicht dazu drängt, es sei denn, es läge nicht in Wirklichkeit ein neuer Beweisantrag vor[179]. An anderer Stelle werden Anträge auf Durchführung von Experimenten und Rekonstruktionen bei entsprechend bestimmter Beweisbehauptung je nach Angabe des Beweismittels

---

178 Kleinknecht/Meyer-Goßner § 244 Rdn. 26; KK-Herdegen § 244 Rdn. 16; Pfeiffer § 244 Rdn. 18; SK-Schlüchter, § 244 Rdn. 19.

179 Löwe/Rosenberg-Gollwitzer § 244 Rdn. 19.

entweder als Sachverständigenbeweisanträge oder nach § 244 Abs. 5 S. 1 StPO zu bescheidende Beweisanträge auf Augenscheinseinnahme klassifiziert[180].

Der letztgenannten Ansicht, daß es sich bei entsprechend bestimmter Beweisbehauptung um einen Sachverständigenbeweisantrag handelt, ist zuzustimmen. Denn es handelt sich um eine Kombination von Augenscheinsbeweisantrag und Sachverständigenbeweisantrag. Im Kern handelt es sich allerdings um einen Sachverständigenbeweisantrag. Man könnte nun überlegen, ob die Tatsache, daß das Tatgericht bei einem echten Beweisantrag genötigt wäre, mit einem Ortstermin mithilfe eines Sachverständigen Beweis zu erheben, nicht zu einer Ausuferung des Prozesses führen würde. Dem kann schon damit begegnet werden, daß das Gericht Augenscheinsgehilfen, wie etwa Polizeibeamte, zur Hilfe nimmt.

Zur Frage der zutreffenden Bescheidung des Beweisantrages ist folgendes anzumerken: Zum Teil wird die Auffassung des Bundesgerichtshofs geteilt. Unzulässig, da aufklärungswidrig, erscheine die Rekonstruktion von Fahrvorgängen in bestimmten Situationen, da für das Fahrverhalten auch die psychische Verfassung zur Tatzeit ausschlaggebend ist[181]. Anträge auf Rekonstruktion seien auf eine nutzlose und deshalb sich erübrigende Beweistätigkeit gerichtet, wenn sich die situative Konstellation zur Tatzeit nicht herstellen läßt oder wenn Einwirkungen auf die Persönlichkeit des Täters nicht notwendig die oder jene Folgen haben, weil auch dispositionelle Faktoren eine Rolle spielen, die in ihrer jeweiligen Beschaffenheit nicht exakt faßbar sind[182]. Sachverständige seien ungeeignet, wenn nicht mehr rekonstruierbare Vorgänge durch Experimente oder Versuche aufgeklärt werden sollen[183].

Hierbei ist anzumerken, daß die Ausführungen von *Kleinknecht/Meyer-Goßner* einen gewissen Widerspruch aufweisen. In § 244 Rn. 26 StPO rechnen Kleinknecht/Meyer-Goßner Anträge auf Vornahme von Versuchen oder Experimenten noch zu den Beweisanregungen im engeren Sinne. Bei der Ablehnung von nicht mehr rekonstruierbaren Vorgängen durch Experimente oder Versuche in § 244 Rn. 59 a StPO behandeln sie Versuche und Experimente allerdings unter dem Abschnitt „völlige Ungeeignetheit des Beweismittels“, das heißt also unter der Überschrift „Echter Beweisantrag“. Dies zeigt, daß der Schritt von der Beweisanregung im engeren Sinne zum echten Beweisantrag bei ihnen gedanklich auch sehr nahe zu liegen scheint.

Die Zwitterstellung des vorliegenden Antrages erkennt auch *Gollwitzer* (in: Löwe/Rosenberg) an, der zu § 244 Rn. 130 StPO ausführt:

---

180 Heidelberger Komm.-Julius § 244 Rdn. 64; Spiegel, DAR 1982, 366 (372).

181 SK-Schlüchter § 244 Rdn. 19.

182 KK-Herdegen § 244 Rdn. 17.

183 Kleinknecht/Meyer-Goßner § 244 Rdn. 59 a.

„Solche Modalitäten der Beweisaufnahme betreffenden Anträge können aber auch zusätzlicher Bestandteil eines auf die Herbeiziehung neuer Beweismittel gerichteten Beweis- oder Beweisermittlungsantrages sein. Sie sind dann im Rahmen dieses Antrags mitzubehandeln und nach den für diesen geltenden Grundsätzen mitzubescheiden, wobei die Ablehnung der beantragten Beweiserhebung auch den zusätzlichen Antrag zu den Modalitäten ihrer Durchführung miterledigt. Sachlich bestimmt aber auch bei einer solchen Verknüpfung allein die Aufklärungspflicht, wie weit bei der Beweisaufnahme diesen Anträgen zu ihrer Ausgestattung Rechnung zu tragen ist."

Maßgebend für diese Entscheidung für die bloße Aufklärungspflicht des Gerichts scheint die Überlegung zu sein, daß es sonst zu einer Flut von Beweisanträgen auf Rekonstruktion durch Nachstellung bestimmter Vorgänge kommt.[184]

Die richtige dogmatische Einordnung eines Antrages auf Rekonstruktion sowie die richtige dogmatische Rechtsfolge, also Anspruch auf Beweiserhebung, kann nicht mit der Bemerkung konterkariert werden, es käme sonst zu einer Flut von Beweisanträgen auf Rekonstruktion. Zwar ist richtig, daß höchstrichterliche Judikate nicht nur den einzelnen, zur Entscheidung stehenden Fall zu entscheiden haben, sondern auch in ihrer Überlegung regelmäßig die Folgerungen für die Rechtswirklichkeit mit einzubeziehen haben. Aber selbst wenn es zu einer vermehrten Beweisantragstellung auf Rekonstruktion kommen sollte, so ist diese „Flut" von Beweisanträgen ja immer noch den Schranken des § 244 Abs. 3-5 StPO ausgesetzt. Dieses Regulativ erscheint angemessen auch für Experimentalbeweise auf Rekonstruktion.

Auch der ehemalige Bundesrichter *Spiegel* – der den Antrag auf Rekonstruktion für einen echten Beweisantrag hält[185] – will den Antrag auf Rekonstruktion wegen völliger Ungeeignetheit des Beweismittels gemäß § 244 Abs. 3 S. 2 StPO ablehnen. Ein solcher Antrag gehe ins Leere, da weder die äußere Unfallsituation, vor allem die bei nächtlichen Unfällen so entscheidenden meteorologischen Bedingungen der Unfallzeit, nicht mehr wiederhergestellt werden könnten, es mithin auch für den Sachverständigen an den entscheidenden Anknüpfungstatsachen fehlt, und da auch die damals gegebene psychische Verfassung des Beschuldigten nicht rekonstruierbar sei.

Dieser Auffassung muß entgegengetreten werden. Die Rekonstruktion des Tatgeschehens durch einen Sachverständigen, also die Augenscheinseinnahme des zu rekonstruierenden Tatgeschehens, und das nachfolgende Sachverständigengutachten können nicht mit der Begründung abgelehnt werden, dieses Beweismittel, der Sachverständige sei völlig ungeeignet. Ein Beweismittel kann mit dieser Begründung nur abgelehnt werden, wenn „mit Sicherheit feststeht, daß

---

184 Vgl. Spiegel, DAR 1982, 366 (372).

185 Spiegel, DAR 1982, 366 (372).

sich mit einem solchen Beweismittel das in den Beweisantrag in Aussicht gestellte Beweisergebnis nicht erreichen läßt"[186]. Ein völliger Eignungsmangel ist nicht schon dann gegeben, wenn der Tatrichter nur der Auffassung ist, das Sachverständigengutachten werde keine sicheren Schlüsse auf die mit dem Antrag behauptete Tatsache zulassen[187].

Zutreffend führen *Alsberg / Nüse / Meyer* aus[188]:

> „Der Beweisantrag darf wegen völliger Ungeeignetheit des Beweismittels nur abgelehnt werden, wenn das Gericht ohne jede Rücksicht auf das bisher gewonnene Ergebnis der Beweisaufnahme feststellen kann, daß sich mit einem solchen Beweismittel das in den Beweisantrag in Aussicht gestellte Ergebnis nach sicherer Lebenserfahrung nicht erreichen läßt. Das muß mit Sicherheit feststehen. Denn hierbei handelt es sich um eine Durchbrechung des Verbots der Beweisantizipation. Sie muß eng begrenzt werden und läßt sich nur für den Fall rechtfertigen, daß der Erfahrungssatz, daß sich ein Urteil über den Wert eines Beweises erst abgeben läßt, wenn er erhoben worden ist, im Einzelfall von einem anderen Erfahrungssatz, der eine sichere Vorwegurteilung zuläßt, verdrängt wird. Dabei ist erforderlich, daß die völlige, nicht nur die ‚schlichte' Nichteignung des Beweismittels feststeht."[189]

> „Insbesondere der Umstand, daß das Beweismittel nur relativ ungeeignet ist, sich im vorhinein also nur beurteilen läßt, daß seine Benutzung für die Beweisfrage keine sicheren Schlüsse zuläßt, berechtigt das Gericht nicht zur Ablehnung des Beweisantrags."[190]

Gemeinhin wird also zwischen relativer Ungeeignetheit des Beweismittels und völliger Ungeeignetheit des Sachverständigenbeweises unterschieden[191]. Der auf Rekonstruktion gerichtete Sachverständigenbeweisantrag durfte nicht wegen völliger Ungeeignetheit des Beweismittels abgelehnt werden. Denn als völlig ungeeignet im Sinne des § 244 Abs. 3 S. 2 StPO kann ein Beweismittel nur dann zurückgewiesen werden, wenn das Gericht ohne jede Rücksicht auf das bisher gewonnene Beweisergebnis sagen kann, daß sich mit einem solchen Beweismittel das im Beweisantrag in Aussicht gestellte Ergebnis nach sicherer Lebenserfahrung nicht erzielen läßt[192].

Hier kann eine solche sich aus dem Wesen des Beweismittels eindeutig ergebende absolute Untauglichkeit jedoch nicht angenommen werden. Zwar ist ein verkehrstechnischer Sachverständiger gewöhnlich nicht in der Lage, aus der Rekon-

---

186 BGH NStZ 1985, 14; MDR 1978, 988; StV 1984, 232; NStZ 1984, 564; NJW 1983, 404.

187 BGH NStZ 1985, 14; MDR 1978, 988.

188 S. 602.

189 BGH StV 1981, 113.

190 BGH MDR 1978, 988.

191 BGH MDR 1978, 988; KK-Herdegen § 244 Rdn. 79.

192 BGH MDR 1978, 988.

struktion von Fahrvorgängen, also durch Fahrversuche, sichere Schlüsse auf einen fehlenden Tötungsvorsatz zu ziehen. Der Sachverständige kann aber sein Erfahrungswissen über derartige Fahrversuche aufzeigen und auf einen bestimmten Sachverhalt anwenden und dadurch dem Gericht auch die Beurteilung der inneren Tatseite erleichtern[193]. Ein Sachverständiger ist nicht schon deshalb ein völlig ungeeignetes Beweismittel, weil er nur solche Erfahrungssätze und Schlußfolgerungen darzulegen vermag, welche für sich allein die unter Beweis gestellte Behauptung lediglich wahrscheinlich machen, sie aber nicht unmittelbar beweisen können. Eine solche relative Ungeeignetheit des Beweismittels berechtigt noch nicht zu seiner Zurückweisung nach § 244 Abs. 3 S. 2 StPO, die nur bei völliger Ungeeignetheit zulässig ist. Insoweit steht dem Gericht im Hinblick auf das Verbot der Vorwegnahme der Beweiswürdigung auch kein Ermessensspielraum zu[194]. Folglich kann im vorliegenden Fall das Schwurgericht den Beweisantrag, gerichtet auf ein Sachverständigengutachten, nach vorhergehendem Fahrversuch nicht wegen völliger Ungeeignetheit des Beweismittels gemäß § 244 Abs. 3 S. 2 StPO ablehnen. Es ist genötigt, diesem Beweisantrag nachzugehen.

Dabei ist auch zu berücksichtigen, daß der etwaigen Flut von Beweisanträgen ja auch ein weiteres Korrektiv entgegensteht: Der Verurteilte hat die Kosten zu tragen! So bestimmt § 465 StPO:

> „Die Kosten des Verfahrens hat der Angeklagte insoweit zu tragen, als sie durch das Verfahren wegen einer Tat entstanden sind, wegen derer er verurteilt wird."

2. Sprechversuche – BGH NStZ 1984, 564

Zum Sachverhalt: Der Angeklagte ist wegen schwerer räuberischer Erpressung verurteilt worden. Seine Revision hatte mit einer Verfahrensrüge Erfolg.

Aus den Gründen: Der Verteidiger hatte beantragt, einen medizinischen Sachverständigen zur Beweisbehauptung zu hören, daß der Angeklagte aufgrund seines „schweren Sprachfehlers, insbesondere in psychischen Belastungssituationen, wie sie etwa bei der ihm vorgeworfenen Tatausführung besteht", nicht in der Lage sei, auch nur „einen Satz zusammenhängend zu artikulieren, ohne dabei sehr stark zu stottern". Die Strafkammer hat den Beweisantrag zurückgewiesen, weil die darin „behauptete Tatsache durch einen Sachverständigen nicht bewiesen werden kann". Das Beweismittel sei deshalb „völlig ungeeignet". Zur Begründung hat sie ausgeführt, das Sprachverhalten des Angeklagten während der Hauptverhandlung lasse es als ausgeschlossen erscheinen,

193 Vgl. BGH MDR 1978, 988.
194 BGH MDR 1978, 988.

> „ein Sachverständiger könne bei sachgerechter Begutachtung des Angeklagten zu dem Ergebnis kommen, er sei in psychischen Belastungssituationen nicht in der Lage, einen oder mehrere Sätze zusammenhängend ohne zu stottern zu sprechen“.

Mit dieser Begründung durfte die Strafkammer den Beweisantrag nicht ablehnen. Völlig ungeeignet ist das angebotene Beweismittel nur, wenn das Gericht ohne jede Rücksicht auf das bisherige Beweisergebnis sagen kann, daß sich mit einem solchen Beweismittel das im Beweisantrag in Aussicht gestellte Ergebnis nach sicherer Lebenserfahrung nicht erzielen läßt. Hier kann eine solche, sich aus dem Wesen des Beweismittels eindeutig ergebende absolute Untauglichkeit nicht angenommen werden. Es kommt nicht darauf an, ob ein Sachverständiger in der Lage ist, aufgrund seines Fach- und Erfahrungswissens sichere Schlüsse daraus zu ziehen, ob sich der Sprachfehler des Angeklagten bei erhöhter psychischer Belastung in der behaupteten Weise auswirkt. Er kann aber seine Beobachtungen und sein Erfahrungswissen aufzeigen und damit dem Gericht Hinweise geben, die es bei seiner Entscheidung verwerten kann. Sein Gutachten kann daher sehr wohl zur Sachaufklärung beitragen. Das Landgericht geht davon aus, der Angeklagte habe kurz vor der Tatzeit unter der Belastung staatsanwaltschaftlicher Vernehmung stark gestottert. Es begegnet dieser Feststellung mit der Erwägung, Medikamente könnten dem Angeklagten ein stotterfreies Sprechen während der Tat ermöglicht haben. Selbst wenn der Sachverständige, dem ersichtlich Anknüpfungspunkte zur Verfügung standen, nur solche Erfahrungssätze und Schlußfolgerungen darzulegen vermag, die für sich allein die unter Beweis gestellte Behauptung lediglich wahrscheinlich machen, sie aber nicht unmittelbar erweisen können, ist das Gericht nicht berechtigt, den gestellten Beweisantrag wegen völliger Ungeeignetheit des Beweismittels zurückzuweisen. Insoweit steht dem Gericht wegen des Verbots der Vorwegnahme der Beweiswürdigung auch kein Ermessensspielraum zu.

Der Bundesgerichtshof würdigt diesen Fall des Sprechversuchs zutreffend. Denn es handelt sich um eine experimentelle Erprobung des Probanden in spezieller psychischer Drucksituation.

Der Bundesgerichtshof geht davon aus, daß es sich um einen echten Beweisantrag handelt, der nach § 244 Abs. 3 StPO zu behandeln ist. Der medizinische Sachverständige soll den Probanden, das heißt den Angeklagten, in speziellen psychischen Drucksituationen erproben. Es handelt sich also um eine Inaugenscheinsnahme des Probanden und ein sich daran anschließendes Sachverständigengutachten. Der Sachverständige ist in diesem Fall ein zumindest relativ geeignetes Beweismittel[195]. Der medizinische Sachverständige ist damit kein völlig ungeeignetes Beweismittel im Sinne des § 244 Abs. 3 S. 2 StPO.

---

195 KK-Herdegen § 244 Rdn. 79; Alsberg/Nüse/Meyer, S. 603.

3. *Versuche bezüglich epileptischer Anfälle – BGH StV 1984, 232*

Zum Sachverhalt: Das Landgericht hat den Angeklagten wegen schwerer räuberischer Erpressung zu einer Freiheitsstrafe von fünf Jahren verurteilt. Die Revision des Angeklagten hatte mit einer Verfahrensrüge Erfolg.

Aus den Gründen: Die Verteidigung hatte ein Sachverständigengutachten zum Beweis der Nichttäterschaft des Angeklagten beantragt. Der Antrag war gerichtet auf Einholung eines Sachverständigengutachtens zum Beweis dafür, daß der Angeklagte aufgrund seiner krankheitsbedingten Konstitution den Aufregungen der ihm vorgeworfenen Straftat nicht gewachsen gewesen wäre, weshalb er als Täter ausscheide. Den von der Revision zitierten Gründen des angefochtenen Urteils und damit der Revision selbst ist mit noch ausreichender Deutlichkeit zu entnehmen, daß mit dem von der Strafkammer abgelehnten Hilfsbeweisantrag nicht bestimmte Regeln über das Verhalten von Epileptikern in besonderen Situationen bewiesen werden sollten, sondern daß der Antrag auf die Feststellung zielte, dieser Angeklagte „als Sonderschüler und Epileptiker" sei in seiner krankheitsbedingten Konstitution den Aufregungen eines von ihm unternommenen Banküberfalls nicht derart gewachsen, daß er ihn ohne einen epileptischen Anfall durchstehen könne. Einen solchen Antrag durfte die Strafkammer hier nicht mit der von ihr gewählten Begründung ablehnen. Zu der Feststellung, ob bei dem Angeklagten in einer mit besonderer Nervenanspannung verbundenen Situation mit einem akuten Ausbruch seines Leidens zu rechnen ist, bedarf es in erster Linie einer genauen Feststellung seines Gesundheitszustandes sowie, unter Anwendung besonderer Sachkunde und Erfahrung, einer allgemeinen Bewertung seiner Fähigkeit, besonderen Anforderungen der bezeichneten Art ohne einen nach außen hin in Erscheinung tretenden Anfall standzuhalten. Von der Kenntnis aller Einzelheiten eines abgeschlossenen, in der Vergangenheit liegenden Banküberfalls in dem Sinne, daß die konkrete Situation – wie in einem Experiment – nachvollziehbar ist, hängt eine medizinische Begutachtung mit dem Ziel einer dem Beweisthema entsprechenden Aussage nicht ab. Auch ohne eine naturgemäß nicht mögliche Feststellung des genauen „Maßes der Erregung" mag eine fachkundige Untersuchung des Angeklagten auf der Grundlage besonderer Kenntnisse des Verhaltens und der Belastbarkeit von Epileptikern zu beweiserheblichen Feststellungen gelangen können. Die Ablehnung des Hilfsbeweisantrages hält danach rechtlicher Nachprüfung nicht stand. Sie führt auf die Revisionsrüge zur Aufhebung des Urteils, da dieses auf dem Rechtsfehler beruhen kann.

Eigene Würdigung: Dem Urteil und den Gründen des Bundesgerichtshofs wird beigetreten. Es handelt sich um eine experimentelle Erprobung des Angeklagten bezüglich epileptischer Anfälle. Mithin soll der Proband durch den Sachverständigen in Augenschein genommen werden, und daran soll sich ein sachverständiges Gutachten anschließen.

Zutreffend stellt der Bundesgerichtshof fest, daß der Sachverständige kein völlig ungeeignetes Beweismittel im Sinne des § 244 Abs. 3 S. 2 StPO darstellt, sondern höchstens ein relativ ungeeignetes Beweismittel.

4. Trinkversuche – BGH VRS 50, 115

Zum Sachverhalt: Leider wird in der angegebenen Entscheidung der Sachverhalt nicht explizit mitgeteilt. Es wird nur erklärt, daß der Angeklagte wegen § 315 c Abs. 1 Nr. 1 a StGB, das heißt wegen Gefährdung des Straßenverkehrs infolge des Genusses alkoholischer Getränke, verurteilt worden ist. Der Verurteilte vertritt in seiner Revision die Auffassung, zur nachträglichen Aufklärung seines Grades der alkoholischen Beeinflussung hätte sein „individueller Abbauwert" experimentell festgestellt werden müssen. Weiter vermißt die Revision des Angeklagten eine quantitative Feststellung der Blutalkoholkonzentration des Angeklagten. Der Bundesgerichtshof verwirft die Revision bezüglich dieser zweier Punkte.

Aus den Gründen: Zur nachträglichen Aufklärung des Grades der alkoholischen Beeinflussung des Angeklagten hätte dessen individueller Abbauwert experimentell festgestellt werden müssen, stellt der Bundesgerichtshof fest, daß sich aus einem Trinkversuch immer nur ein aktueller Abbauwert herleiten lassen, nicht etwa aber der Schluß auf einen stets gleichbleibenden individuellen Wert des Täters[196]. Der Bundesgerichtshof führt weiter aus, für die von der Revision vermißte quantitative Feststellung der Blutalkoholkonzentration des Angeklagten wäre es im übrigen auch auf den Resorptionsverlauf angekommen. Da aber auch dieser u.a. von nicht wiederholbaren dispositionellen und situationsabhängigen Faktoren des Kraftfahrers abhängt, verwendet die Rechtsprechung extreme Mindest- bzw. Höchstabbauwerte, die dann jede Benachteiligung des Täters ausschließen. In der Literatur wird die Auffassung des Bundesgerichtshofs geteilt[197].

Eigene Würdigung: Es handelt sich wiederum um einen echten Beweisantrag, gerichtet auf die experimentelle Feststellung des individuellen Abbauwerts des Angeklagten, denn der experimentelle Trinkversuch ist eine Inaugenscheinsnahme des Probanden. Daran schließt sich ein sachverständiges Gutachten des BAK-Sachverständigen an. Im vorliegenden Fall wird die Entscheidung des Bundesgerichtshofs, welche von der Literatur geteilt wird, für zutreffend gehalten. Der Sachverständige ist auch nicht ein relativ geeignetes Beweismittel. Zu Recht stellt der Bundesgerichtshof fest, daß sich aus einem Trinkversuch immer nur ein aktueller Abbauwert herleiten läßt, nicht etwa der Schluß auf einen stets gleichbleibenden individuellen Wert des Täters. Dabei bezieht sich der Bundesgerichtshof auf das Gutachten des Bundesgesundheitsamts „Alkohol bei Verkehrsstraftaten 1966",

---

196 Vgl. Gutachten des Bundesgesundheitsamts, „Alkohol bei Verkehrsstraftaten", 1966, S. 60.

197 Kleinknecht/Meyer-Goßner § 244 Rdn. 59 a; KK-Herdegen § 244 Rdn. 17; SK-Schlüchter § 244 Rdn. 19; Chr.M. Müller, S. 205.

S. 60. Der Bundesgerichtshof hat wiederholt darauf hingewiesen, daß die Rechtsprechung an derartige medizinisch naturwissenschaftliche Erkenntnisse gebunden ist, wenn sie allgemein und zweifelsfrei als richtig anerkannt sind[198].

Für die von der Revision vermißte quantitative Feststellung der Blutalkoholkonzentration des Angeklagten wäre es auch auf den Resorptionsverlauf angekommen. Da aber auch dieser u.a. von nicht wiederholbaren dispositionellen und situationsabhängigen Faktoren des Kraftfahrers abhängt[199], verwendet die Rechtsprechung extreme Mindest- bzw. Höchstabbauwerte, durch die jede Benachteiligung des Täters ausgeschlossen wird. Entscheidend ist hier auch, daß es sich hier um ein Trunkenheitsdelikt im Straßenverkehr handelt. Dabei handelt es sich um ein absolutes Massendelikt, mit einer äußerst breiten ärztlichen wissenschaftlichen Diskussion bezüglich der Blutalkoholkonzentration. Daher erscheint eine experimentelle Erprobung in Form eines Trinkversuchs in Begleitung eines Sachverständigen als völlig ungeeignetes Beweismittel. Aufgrund der breiten wissenschaftlichen ärztlichen Diskussion erscheint der beantragte Sachverständige nicht einmal als ein relativ geeignetes Beweismittel, denn es erscheint ausgeschlossen, daß der Sachverständige aufgrund der experimentellen Erprobung zu der Beurteilung gelangt, ob der behaupteten Tatsache größere oder geringere Wahrscheinlichkeit zukommt. Somit ist er bezüglich der experimentellen Erprobung ein völlig ungeeignetes Beweismittel.

5. „Schrei"-Versuch (Stimmprobe) – BGH StV 1987, 5

Zum Sachverhalt: Das Landgericht verurteilte den Angeklagten wegen versuchter Vergewaltigung zu einer Freiheitsstrafe, deren Vollstreckung zur Bewährung ausgesetzt wurde. Der Angeklagte hat einen Beweisantrag auf Durchführung eines experimentellen Versuchs, hier akustische Wahrnehmung am Tatort, gestellt. Die Revision des Angeklagten blieb erfolglos.

Aus den Gründen: Der behauptete Verstoß gegen § 244 Abs. 3 S. 2 StPO liegt nicht vor.

Vom Angeklagten war der Hilfsbeweisantrag gestellt worden, eine „Ortsbesichtigung" im Schlafzimmer der über der Zeugin E. wohnenden Eheleute L. zum Nachweis dafür vorzunehmen, daß es nicht möglich sei, von dort den Wortlaut folgender, im Schlafzimmer der darunterliegenden Wohnung getätigten Ausrufe zu „unterscheiden": „Laß mich in Ruhe, du sollst mich in Ruhe lassen" und „Laß mich hier raus, du sollst mich hier rauslassen", ferner dafür, daß man im Schlafzimmer der Zeugen L. nicht unterscheiden könne, ob es sich bei dem Ausruf um eine männliche oder weibliche Person handele. Die Strafkammer hat den Antrag mit der Begründung abgelehnt, das „Beweisbegehren" sei ungeeig-

198 BGHSt 25, 246 (248).

199 BGHSt 25, 246 (249).

net. Eine Ortsbesichtigung allein würde keine Klärung bringen können. Dem Antrag sei aber auch dann nicht zu entsprechen, wenn man ihn dahin verstehe, daß Ruf- oder Schreiproben durchgeführt werden sollten, denn die zur Tatzeit herrschenden äußeren und inneren Bedingungen, die körperliche und geistige Verfassung der Beteiligten, könnten nicht wiederhergestellt werden.

Die Revision macht geltend, die Ablehnung des Antrags sei fehlerhaft. Denn der beabsichtigte Nachweis hätte nicht eine Reproduktion der gesamten zur Tatzeit gegebenen subjektiven Umstände erfordert. Zudem habe das Landgericht in seiner Begründung unzulässig auf das bisherige Beweisergebnis zurückgegriffen.

Der Bundesgerichtshof fährt fort: Das Revisionsvorbringen geht schon deshalb fehl, weil für den gestellten Antrag nicht die strengen Beweisregeln des § 244 Abs. 3 StPO gelten. Diese finden nur bei ganz bestimmten Beweismitteln Anwendung. Zu deren Kreis gehört der erstrebte experimentelle Versuch im Rahmen eines „Augenscheins" nicht. Über einen auf die Benutzung eines solchen Beweismittels gerichteten Antrags darf der Richter nach seinem pflichtgemäßen Ermessen entscheiden. Er ist hier nicht an die Ablehnungsgründe des § 244 Abs. 3 StPO und das Verbot der Beweisantizipation gebunden. Vor allem bestehen keine Bedenken dagegen, daß der Beweisantrag mit der Begründung zurückgewiesen worden ist, die damaligen Gegebenheiten ließen sich nicht sicher wiederholen. Entgegen der Meinung des Beschwerdeführers hätten die Schrei-Proben nur einen Sinn gehabt, wenn die psychische Situation der beteiligten Personen rekonstruierbar gewesen wäre. Diese Möglichkeit hat Strafkammer rechtsfehlerfrei verneint.

Zu diesem Urteil des Bundesgerichtshofs ist anzumerken: Zutreffend geht der Bundesgerichtshof davon aus, daß es sich um einen experimentellen Versuch im Rahmen einer akustischen Inaugenscheinsnahme handelt. Zutreffend stellt der Bundesgerichtshof auch fest, daß nicht die strengen Beweisregeln des § 244 Abs. 3 StPO gelten. Denn die beantragte Beweisaufnahme ist ein echter Beweisantrag einer Inaugenscheinsnahme, welche sich nach § 244 Abs. 5 StPO richtet. Danach kann der Beweisantrag auf Einnahme eines Augenscheins abgelehnt werden, wenn der Augenschein nach dem pflichtgemäßen Ermessen des Gerichts zur Erforschung der Wahrheit nicht erforderlich ist. Der Bundesgerichtshof ist der Auffassung, daß keine Bedenken dagegen bestehen, daß der Beweisantrag mit der Begründung zurückgewiesen worden sei, die damaligen Gegebenheiten ließen sich nicht sicher wiederholen. Die Schrei-Proben hätten nur dann einen Sinn gehabt, wenn die psychische Situation der beteiligten Personen rekonstruierbar gewesen wäre. Diese Auffassung des Bundesgerichtshofs wird in der Literatur geteilt[200].

---

200 SK-Schlüchter § 244 Rdn. 19, wobei Schlüchter nur die Aufklärungspflicht des § 244 Abs. 2 als maßgebend betrachtet, also nicht von einem echten Beweisantrag ausgeht; KK-Herdegen § 244 Rdn. 16.

Dieser Auffassung kann nicht gefolgt werden. Es mag richtig sein, daß sich die damaligen Gegebenheiten nicht zur Gänze und zu 100% realitätsgetreu wiederholen lassen. Es mag auch die psychische Situation der beteiligten Personen nicht völlig rekonstruierbar gewesen sein. Von der psychischen Situation aller Beteiligten können Lautstärke und (Un-)Deutlichkeit der im Tatgeschehen gesprochenen Worte einerseits und das Hörvermögen der Zeugen andererseits abhängen. So mag eine akustische Inaugenscheinsnahme keine ganz sicheren und eindeutigen Schlüsse gestatten. Der Schrei-Versuch könnte aber die Beurteilung fördern, ob der behaupteten Tatsache größere oder geringere Wahrscheinlichkeit zukommt[201]. Somit ist nach den hier geschilderten Umständen der Schrei-Versuch nach dem pflichtgemäßen Ermessen des Gerichts zur Erforschung der Wahrheit erforderlich.

Zum Beweiswert des erhobenen Beweises ist anzumerken, daß bei Zweifeln bei der Beweiswürdigung auch hier der In dubio pro reo-Grundsatz seine Anwendung finden könnte.

6. Libido-Gutachten bei Alkoholisierung – BGH MDR 1977, 108

Zum Sachverhalt: Der Verteidiger des Angeklagten (dem versuchter Mord in Tateinheit mit versuchter Vergewaltigung und mit versuchtem sexuellen Mißbrauch eines Kindes vorgeworfen wurde) hatte die Einholung eines sexualpsychologischen Gutachtens darüber beantragt, daß der A. bei einem Blutalkoholgehalt von 2,5‰ etc. nicht in der Lage sei, „sexuelles Lustempfinden bzw. Libido zu haben". Das Schwurgericht hatte den Beweisantrag als ungeeignet abgelehnt. Dem trat der Bundesgerichtshof im Ergebnis bei.

Aus den Gründen: Ein Beweismittel kann dann als völlig ungeeignet nach § 244 Abs. 3 StPO zurückgewiesen werden, wenn das Gericht ohne jede Rücksicht auf das bisher gewonnene Beweisergebnis sagen kann, daß sich mit einem solchen Beweismittel ein Ergebnis, wie es im Beweisantrag in Aussicht gestellt ist, nach sicherer Lebenserfahrung nicht erzielen läßt. Insbesondere ist ein Sachverständiger immer dann ein ungeeignetes Beweismittel, wenn es an tatsächlichen Grundlagen für das zu erstattende Gutachten fehlt.

Eine solche sich aus dem Wesen des Beweismittels ergebende absolute Untauglichkeit konnte hier der Tatrichter etc. ohne Rechtsfehler annehmen. Eine dauernde körperliche Beeinträchtigung, die sich auf den Sexualtrieb des A. ausgewirkt haben könnte, ist weder festgestellt noch wird sie behauptet. Beim normalen Mann sind aber zu verschiedenen Zeiten Schwankungen in der Triebstärke und in der Geschlechtslust zu beobachten, die einerseits abhängig sind von den wechselnden Mengen der aus den Keimdrüsen abgesonderten Sexualhormone,

---

201 Vgl. Rechtsgedanke der Entscheidung BGH NJW 1983, 404.

andererseits beeinflußt werden von dem allgemeinen Gesundheits- und Kräftezustand, vom psychischen Wohlbefinden und noch weiteren Faktoren, so daß sich die Stärke des Geschlechtstriebs, die Libido, der objektiven Beurteilung im Einzelfall entzieht. Ob und in welcher Stärke ein Mann zu einem bestimmten Zeitpunkt und unter bestimmten Umständen geschlechtliches Verlangen empfinden konnte und tatsächlich empfunden hat, läßt sich also durch ein psychologisches Gutachten nicht feststellen. Daß die Alkoholkonzentration (von max. 2,55‰) nicht geeignet ist, den Sexualtrieb schlechthin auszuschalten, entspricht gesicherter Lebenserfahrung. Das Gegenteil kann durch einen Psychologen nicht bewiesen werden.

Dem Urteil und den Gründen des Bundesgerichtshofs wird beigetreten.

Zutreffend geht der Bundesgerichtshof davon aus, daß die Einholung eines sexualpsychologischen Gutachtens einen echten Beweisantrag darstellt, der gemäß § 244 Abs. 3 StPO zu beurteilen ist. Denn es handelt sich um die experimentelle Inaugenscheinsnahme des Angeklagten durch einen Gutachter, woran sich ein sachverständiges Gutachten anschließen sollte.

Zutreffend geht der Bundesgerichtshof davon aus, daß der Sachverständige im vorliegenden Fall ein völlig ungeeignetes Beweismittel ist. Denn ob und in welcher Stärke ein Mann zu einem bestimmten Zeitpunkt und unter bestimmten Umständen geschlechtliches Verlangen empfinden kann und tatsächlich empfunden hat, läßt sich durch ein Gutachten nicht feststellen. Denn im Wege des Freibeweises kann geklärt werden, ob das vorhandene Material dem Sachverständigen genügend Anknüpfungstatsachen wenigstens für Möglichkeits- oder Wahrscheinlichkeitsschlüsse bietet[202]. Auch in der neueren Literatur zur forensischen Psychiatrie lassen sich keine gegenteiligen Auffassungen finden. Somit liegt auch keine relative Geeignetheit eines Sachverständigen vor.

Die hier vorliegende Beurteilung des Falles wird in der Literatur mit allerdings anderer Begründung geteilt[203].

7. *Vergewaltigung im Kleinwagen – BGH NJW 1961, 1486*

Bei der vorliegenden Entscheidung handelt es sich um eine der Leitentscheidungen zum Experimentalbeweisantragsrecht. Die Entscheidung ist sehr diffe-

---

202 BGH NJW 1983, 404 (405); KK-Herdegen § 244 Rdn. 79.

203 SK-Schlüchter § 244 Rdn. 19; Schlüchter geht allerdings davon aus, daß sich dieser Beweisantrag nur nach der Aufklärungspflicht des § 244 Abs. 2 zu richten habe und daß dieses Beweisbegehren unzulässig, da aufklärungswidrig sei; Kleinknecht/Meyer-Goßner § 244 Rdn. 59 a; dagegen geht Meyer-Goßner in § 244 Rdn. 26 davon aus, daß es sich bei der Vornahme von Versuchen und Experimenten nur um Beweisanregungen im engeren Sinne handelt.

renziert begründet; dies wohl auch deswegen, weil es sich um eine zweite Revisionsentscheidung nach Zurückverweisung handelt.

Zum Sachverhalt: Der Angeklagte hat die damals 16jährige X. in seinem Kraftfahrzeug mitgenommen. Während der Fahrt faßte er den Entschluß, mit X. geschlechtlich zu verkehren. Er bog deshalb nach Eintritt der Dunkelheit unvermittelt in einen Waldweg ein, hielt und wurde sofort handgreiflich. Um auf den für sein Vorhaben günstigeren Rücksitz zu gelangen, ergriff er das sich heftig wehrende Mädchen, stemmte es soweit an der Rückenlehne des Vordersitzes hoch, daß es mit dem Oberkörper in den rückwärtigen Teil des Wagens rutschte. Hierauf stieg er selbst nach hinten und zog das Opfer ganz auf den rückwärtigen Sitz, wo er trotz weiterer Gegenwehr zum Verkehr gelangen konnte.

Das Landgericht hat den Angeklagten auf die nach dessen erfolgreicher Revision gegen das erste verurteilende Erkenntnis durchgeführten Hauptverhandlung erneut wegen Notzucht zu einem Jahr Gefängnis verurteilt. Die Revision des Angeklagten greift das Urteil mit Verfahrensrügen und der Sachbeschwerde an; sie bleibt erfolglos.

Aus den Gründen: Der Senat hatte in seinem früheren Urteil darauf hingewiesen, daß die Schilderungen des Tatgeschehens durch die Zeugin X., der das Landgericht auch jetzt mit seinen Feststellungen gefolgt ist, sowohl eine Inaugenscheinsnahme an dem Fahrzeug wie auch im Zusammenhang damit eine versuchsweise Nachahmung des Vorgangs des Hinüberwerfens und Kletterns über die Rückenlehne der Vordersitze durch Personen ähnlicher Größe, Gewicht und Kräfteverhältnisses nahelegen könne. Das Landgericht hat seine Inaugenscheinsnahme an einem Kraftwagen desselben Typs eingenommen. Es hat jedoch einen Antrag des Verteidigers auf Vornahme eines entsprechenden Versuchs mit der Begründung abgelehnt, daß die Durchführung eines solchen Versuchs ohne den „sexuellen Impetus" völlig ungeeignet und mit diesem sittlich anstößig und deshalb unzulässig sei. Die Revision sieht darin einen Verstoß gegen § 244 Abs. 3 StPO, außerdem eine Verletzung der Aufklärungspflicht (§ 244 Abs. 2 StPO).

Der Bundesgerichtshof fährt fort: Die Rüge ist unbegründet. Das Beweisrecht der Strafprozeßordnung nennt nur bestimmte typische Beweisarten und unterwirft nur diese dem in § 244 StPO geregelten Beweiszwang. Die Vornahme von Experimenten und Versuchen bildet keine Beweisart in diesem Sinne, sondern kann je nach dem einer oder der anderen vom Gesetz ausdrücklich anerkannten Beweisarten zuzuordnen sein. In diesem Sinne kann die Vornahme eines Experiments Bestandteil und Gegenstand eines Sachverständigengutachtens oder einer Zeugenaussage sein oder im Rahmen eines Inaugenscheinsbeweises liegen. In diesem Sinne war sie hier zu verstehen; denn es ging um die Frage, ob die Raumverhältnisse des Kraftwagens es möglich machten, eine Person von der Größe und dem Gewicht der Verletzten auch gegen ihren lebhaften Widerstand über die Rückenlehne der Vordersitze des Kraftwagens zu stemmen, und ob eine Person mit der

Statur des Angeklagten auf demselben Wege auf den Rücksitz gelangen könne. Es kam also darauf an, bei einem am Fahrzeug einzunehmenden Augenschein diese Frage gegebenenfalls zusätzlich durch einen entsprechenden Versuch zu klären. Es handelte sich demnach bei dem Antrag des Verteidigers auf Vornahme eines solchen Versuchs nicht um einen selbständigen Beweisantrag, für den die Grundsätze des § 244 Abs. 3 StPO Geltung beanspruchen könnten, sondern der Sache nach nur um eine Anregung, den Augenschein auf ein solches Experiment auszudehnen, über die das Gericht (ebenso wie über die Inaugenscheinnahme selbst, § 244 Abs. 5 StPO) nach seinem pflichtgemäßen Ermessen entscheiden konnte. Es war deshalb auch, wenn es glaubte, den Antrag ohne Verletzung seiner Aufklärungspflicht ablehnen zu können, nicht an die Ablehnungsgründe des § 244 Abs. 3 StPO gebunden, durfte vielmehr ohne Beschränkung auf die Gründe des § 244 Abs. 3 StPO darlegen, weshalb es sich bei einem solchen Versuch keine weitere Aufklärung versprach. Soweit der BGH, a.a.O.

Diese Auffassung, daß § 244 Abs. 2 StPO maßgebend sei, wird von der Literatur geteilt[204]. Es wird aber auch eine abweichende Ansicht vertreten[205]. Danach sollen Anträge auf Durchführung von Experimenten bei entsprechend bestimmter Beweisbehauptung je nach Angabe des Beweismittels nach § 244 Abs. 5 S. 1 StPO zu bescheidende Beweisanträge auf Inaugenscheinsnahme sein. Dieser abweichenden letztgenannten Ansicht wird beigetreten. Denn der Verteidiger des Angeklagten hatte eine Inaugenscheinsnahme eines Experiments beantragt, nämlich an dem Fahrzeug wie auch im Zusammenhang damit eine versuchsweise Nachahmung des Vorgangs des Hinüberwerfens der Frau und des Kletterns über die Rückenlehne der Vordersitze durch Personen mit ähnlicher Größe, Gewicht und Kräfteverhältnissen beantragt. Somit liegt ein echter Beweisantrag gerichtet auf Inaugenscheinsnahme vor. Also ist statt Absatz 2 des § 244 StPO der Absatz 5 maßgebend.

Im vorliegenden Falle sind diese Differenzierungen natürlich nur dogmatischer Natur, denn in beiden Fällen (Abs. 2 bzw. Abs. 5 des § 244 StPO) ist allein das richterliche Ermessen bzw. die richterliche Aufklärungspflicht maßgebend.

Der Bundesgerichtshof führt zur Frage der Ausübung des richterlichen Ermessens sehr differenziert und zutreffend aus:

Das Tatgericht war deshalb auch, wenn es glaubte, den Antrag ohne Verletzung seiner Aufklärungspflicht ablehnen zu können, nicht an die Ablehnungsgründe des § 244 Abs. 3 StPO gebunden, durfte vielmehr ohne Beschränkung auf die Gründe des § 244 Abs. 3 StPO darlegen, weshalb es sich von einem Versuch keine weitere Aufklärung versprach. Dabei durfte es erwägen, ob und inwieweit es überhaupt möglich war, ein Versuch dem Tatgeschehen weitgehend anzu-

---

204 Kleinknecht/Meyer-Goßner § 244 Rdn. 26; KK-Herdegen § 244 Rdn. 16; SK-Schlüchter § 244 Rdn. 19; Pfeiffer § 244 Rdn. 18; Löwe/Rosenberg-Gollwitzer § 244 Rdn. 19.

205 Heidelberger Komm.-Julius § 244 Rdn. 64.

gleichen, ob und inwieweit Versuchspersonen zugemutet werden konnte, das Tatgeschehen zu wiederholen und ob ein Versuch, der sich aus irgendwelchen Gründen dem Tatgeschehen nicht weitgehend angleichen ließ, für das Gericht noch einen beachtlichen Erkenntniswert besaß. Für das vom Landgericht zu beurteilende Geschehen war kennzeichnend, daß der Angeklagte, wenn er so gehandelt hatte, wie ihm vorgeworfen wurde, jedenfalls in starker geschlechtlicher Erregung gehandelt hatte, die seine Kräfte zur Überwindung von Widerständen möglicherweise über das übliche Maß gesteigert haben konnte. Die Überlegung der Strafkammer, daß keiner Versuchsperson der Versuch einer Wiederholung des Vorgangs in geschlechtlicher Erregung zugemutet werden könne, daß ein solcher Versuch vielmehr „sittlich anstößig und damit unzulässig" sei, ist deshalb ebensowenig zu beanstanden wie die Erwägung, daß das Landgericht einen Versuch ohne den „sexuellen Impetus" für ungeeignet hielt, ihm weitere Aufklärung zu verschaffen. Damit brachte es zugleich zum Ausdruck, daß es den beantragten Versuch nicht für durch die Aufklärungspflicht geboten hielt. In der Tat ist diese Pflicht auch nicht verletzt. Die eingehende Beweiswürdigung, welche die Strafkammer in den Urteilsgründen zu diesem Punkt gibt, läßt nämlich einwandfrei erkennen, daß die Einnahme des Augenscheins auch ohne einen solchen Versuch dem Gericht die volle Überzeugung von der technischen Ausführbarkeit des Vorgangs vermittelte und eine Widerlegung dieses Beweisergebnisses durch einen Versuch nicht zu erwarten war.

Der Bundesgerichtshof würdigt den Beweisantrag gerichtet auf Inaugenscheinsnahme eines Experiments zutreffend. Denn ohne den sexuellen Impetus, das heißt ohne möglicherweise extreme Kraftentfaltung, ist der Versuch nicht zureichend zu beurteilen. Mit sexuellem Impetus wäre der Versuch allerdings sittlich anstößig. Nach heutiger Lesart wäre also ein Verstoß gegen das allgemeine Persönlichkeitsrecht der Probanden gegeben. Zutreffend wird in der Literatur darauf hingewiesen, daß die Wiederbelebung des Vorgangs durch Nachstellen zudem für das Opfer psychisch regelmäßig nicht zumutbar ist[206].

Außerordentlich wichtig zur Gesamtbeurteilung des Falles erscheint auch der letzte Satz des BGH, a.a.O.:

> „Die eingehende Beweiswürdigung, welche die Strafkammer in den Urteilsgründen zu diesem Punkt gibt, läßt einwandfrei erkennen, daß die Einnahme des Augenscheins auch ohne einen solchen Versuch dem Gericht die volle Überzeugung von der technischen Ausführbarkeit des Vorgangs vermittelte und eine Widerlegung dieses Beweisergebnisses durch einen Versuch nicht zu erwarten war."

Dieser Satz läßt erkennen, daß das Tatgericht sich in der erneuten Hauptverhandlung eingehend und differenziert mental mit der experimentellen Erpro-

---

206 SK-Schlüchter § 244 Rdn. 19.

bung auseinandergesetzt hat und diese nicht nur aus formalen Gründen verweigert hat.

8. Verbringen einer „entwendeten" Lederjacke in einen Rock – OLG Düsseldorf StV 1991, 295

Zum Sachverhalt: Die Angeklagte wurde durch das Berufungsgericht zu einer Freiheitsstrafe wegen gemeinschaftlichen Diebstahls verurteilt. Ihre Revision war mit einer Verfahrensrüge erfolgreich.

Der Verteidiger der Angeklagten hatte in der Hauptverhandlung unter Beweis gestellt,

> „1. daß es nicht möglich ist, die hier in Frage stehende Lederjacke in den von der Angeklagten getragenen Rock zu stopfen,
>
> 2. daß die Angeklagte, als sie im Büro war und die Herren A. und D. zugegen waren, die angeblich gestohlene Lederjacke auf dem Arm trug und nicht in der Kleidung ‚im Intimbereich' hatte,
>
> durch
>
> zu 1. Augenscheinnahme der vorhandenen und vom Zeugen L. als solche identifizierten Lederjacke sowie des damals von der Angeklagten getragenen Rockes mit entsprechender Demonstration, womit die Angeklagte einverstanden ist, auch Sachverständigengutachten notfalls,
>
> zu 2. Zeugnis der Herren A. und D., Leiter des Ankaufs in D., dort zu laden".

Die Strafkammer hat den Beweisantrag abgelehnt und ausgeführt:

> „Zur Bewertung der unter Beweis gestellten Behauptung hält die Kammer ihre eigene Sachkunde für ausreichend zu beurteilen, ob es möglich war, die Lederjacke unter der Kleidung zu verstecken.
>
> Die Vernehmung der Zeugen A. und D. über die Ereignisse im Büro ist weder geeignet, die Angeklagte zu entlasten, noch ist sie für die Beurteilung der Glaubwürdigkeit des Zeugen L. von Bedeutung."

Aus den Gründen: Die Ablehnung der beantragten Inaugenscheinsnahme ist rechtlich fehlerhaft begründet worden.

Grundsätzlich muß dann, wenn für eine bestimmte Behauptung mehrere Beweismittel benannt werden, über die Verwendung aller Beweismittel entschieden werden. Zweifelhaft ist schon, ob der Ablehnungsbeschluß der Strafkammer sich mit dem erstrebten experimentellen Versuch im Rahmen eines Augenscheins befaßt, zumal der Ablehnungsgrund der „eigenen Sachkunde" sich nur auf den Sachverständigenbeweis beziehen darf (§ 244 Abs. 4 S. 1 StPO). Selbst wenn davon ausgegangen wird, daß inzident der auf dieses Beweismittel gerichtete Antrag mit abgelehnt worden ist, so ist die Ablehnung in zu beanstandender Weise geschehen. In der Regel ist der Bescheid des Gerichts, mit dem ein Beweisantrag abgelehnt wird, nach § 34 StPO mit Gründen zu versehen, zumal der die Ablehnung aussprechende Beschluß in gewissem Sinne schon ein Bestandteil des Urteils ist. Der Beschluß muß so begründet werden, daß zum einen der Antragsteller über die zur Ablehnung führenden tatsächlichen oder rechtlichen Erwägungen des Gerichts aufgeklärt und in die Lage versetzt wird, die weitere Verfolgung seiner Rechte danach einzurichten und zum anderen dem Rechtsmittelgericht die Nachprüfung ermöglicht wird. Der Beschluß der Strafkammer kommt diesen Erfordernissen nicht nach. Es fehlt jegliche Begründung, so daß schon nicht festgestellt werden kann, ob die Ablehnung auf § 244 Abs. 3 S. 2 StPO oder auf § 244 Abs. 5 StPO beruht.

Der Entscheidung des OLG Düsseldorf und seinen Gründen ist zuzustimmen. Anders als die herrschende Meinung[207] in der Literatur geht das Oberlandesgericht Düsseldorf davon aus, daß es sich um einen echten Beweisantrag handelt. Interessanterweise geht das Oberlandesgericht Düsseldorf gar nicht auf die Abgrenzungsfrage des § 244 Abs. 2 StPO einerseits und § 244 Abs. 3-5 StPO andererseits ein. Zutreffend geht das Oberlandesgericht Düsseldorf davon aus, daß ein echter Beweisantrag gemäß § 244 Abs. 3-5 StPO vorliegt, denn die Lederjacke und der Rock sollen nicht nur in Augenschein genommen werden, sondern in eine bestimmte Konstellation gebracht werden. Es soll also eine Rekonstruktion im Rahmen eines Augenscheins vorgenommen werden. Somit ist der Beweisantrag des Verteidigers gemäß § 244 Abs. 5 StPO zu bescheiden.

Da kein sexuell geprägter Versuch vorliegt, ist das Experiment mit Zustimmung der Angeklagten gemäß § 244 Abs. 5 StPO zulässig.

Das Oberlandesgericht Düsseldorf führt weiter aus:

> „Nähere Gründe, den Antrag zurückzuweisen, sind denkbar, etwa weil sich die damaligen Gegebenheiten nicht wiederholen lassen oder weil die Beschaffenheit des Augenscheinsgegenstandes schon aufgrund der in der Hauptverhandlung erhobenen Beweise feststeht.“

Diese Ausführung des Oberlandesgerichts Düsseldorf überzeugt nicht, denn offensichtlich gibt es keine Anhaltspunkte dafür, daß sich die damaligen Gegebenheiten nicht wiederholen ließen.

Das vom Verteidiger hilfsweise beantragte Sachverständigengutachten, bezogen auf ein Experiment, stellt, wie das Oberlandesgericht Düsseldorf zu Recht feststellt, einen echten Beweisantrag dar, der gemäß § 244 Abs. 4 StPO zu beschei-

---

207 Kleinknecht/Meyer-Goßner § 244 Rdn. 26; KK-Herdegen § 244 Rdn. 16; Pfeiffer § 244 Rdn. 18.

den ist. Denn es handelt sich um eine Inaugenscheinsnahme einer Rekonstruktion mit einem sich anschließenden Sachverständigengutachten.

9. *Beweiserhebung mit Hilfe eines „Lügendetektors" (Polygraphen) – Der Lügendetektor als Problem des Experimentalbeweises neuerer Art – BVerfG NStZ 1998, 523 und BGH StV 1999, 74*

Beim Polygraphen handelt es sich um einen Apparat, mit dessen Hilfe bei dem Vernommenen Blutdruck, Pulsschlag, Atmung etc. registriert werden, um daraus Rückschlüsse auf die subjektive Richtigkeit des während der Messung Ausgesagten zu ziehen[208]. Der Lügendetektor stellt somit einen Experimentalbeweisantrag dar, denn die psychophysiologische Reaktion des Angeklagten bzw. des Zeugen wird durch ein Spezialgerät aufgezeichnet und von einem Sachverständigen in Augenschein genommen. Somit werden mehrere Beweismittel miteinander kombiniert, denn während der Vernehmung des Angeklagten bzw. des Zeugen wird gleichzeitig dessen psychophysiologische Reaktion mittels eines Polygraphen in Augenschein genommen. Danach berichtet der Sachverständige dem Gericht, ob er bestimmte Aussagen des Angeklagten für wahr oder unwahr hält. Das Gericht soll sich aufgrund dieser Angaben des Sachverständigen dann ein eigenes Urteil über die Glaubhaftigkeit einiger Bekundungen machen können.

Die Zulässigkeit der Anwendung des Polygraphen ist stark umstritten. Dabei geht die herrschende Meinung davon aus, daß die Anwendung des Polygraphen in entsprechender Anwendung des § 136 a Abs. 1 StPO unzulässig ist[209]. Einen gesetzlichen Zwang, sich dem Lügendetektortest zu unterziehen, kann es schon aus tatsächlichen Gründen nicht geben. Der Test setzt die wie auch immer zustande gekommene Bereitschaft des Probanden zur Mitarbeit voraus, denn dieser muß dabei völlig stillhalten[210]. Zum Teil wird die Auffassung vertreten, daß die Anwendung des Lügendetektors mit Einwilligung des Beschuldigten, der damit seine Unschuld beweisen will, zulässig sein müsse[211]. Von den Befürwortern des Polygraphen mit Einwilligung des Beschuldigten wird angeführt, daß der Beschuldigte den Lügentest einsetzt, um eine regelmäßig hohe Freiheitsstrafe zu verhindern. Dazu braucht ein Beschuldigter aber nicht seine Unschuld zur Gewißheit zu beweisen, sondern es reiche, wenn dieser Test geeignet sei, bestehende Gewißheiten zu erschüttern, so daß der Grundsatz in dubio pro reo eingreife[212].

---

208 KK-Boujong § 136 a Rdn. 34.

209 BGHSt 5, 332; KK-Boujong § 136 a Rdn. 34; Kleinknecht/Meyer-Goßner § 136 a Rdn. 24.

210 Volckart, Recht und Psychiatrie 1998, 138.

211 Amelung NStZ 1982, 38; Schwabe NJW 1982, 367.

212 Amelung NStZ 1982, 38 (39).

Doch dieses Argument der Befürworter des Lügendetektors greift gerade nicht, denn der Beweiswert einer Polygraphie ist stark umstritten[213]. So muß aus psychologischer Fachsicht der Polygraph als objektives Beweismittel nicht nur mit äußerster Skepsis beurteilt werden[214], sondern der Bundesgerichtshof geht sogar so weit, die polygraphische Untersuchung mittels des Kontrollfragentests und – jedenfalls im Zeitpunkt der Hauptverhandlung – des Tatwissenstests führe zu einem völlig ungeeigneten Beweismittel i.S.d. § 244 Abs. 3 S. 2 4. Alt. StPO[215].

Der Kontrollfragentest basiert darauf, daß der Untersucher (Polygrapher) abwechselnd sog. relevante Fragen und Kontrollfragen stellt, die der untersuchte Tatverdächtige (Proband) stets verneint. Die relevanten Fragen beziehen sich direkt auf die Tat (zum Beispiel bei einem Tötungsdelikt: „Haben Sie Herrn X erschossen?"). Die Kontrollfragen stehen in keinem direkten Zusammenhang mit dem konkreten Tatvorwurf. Sie thematisieren jedoch ähnliche, emotional belastende Inhalte (zum Beispiel: „Haben Sie vor Ihrem 18. Lebensjahr jemals einen anderen Menschen absichtlich verletzt?"). Darüber hinaus werden vollständig irrelevante Fragen eingestreut, die der Proband bejaht (zum Beispiel: „Ist Ihr Name ...?"). Die irrelevanten Fragen gehen nicht in die Auswertung ein. Im allgemeinen besteht der Test aus drei relevanten, drei Kontroll- und vier irrelevanten Fragen, die in mehreren Durchgängen wiederholt dargeboten werden. Während dieser Befragung werden nun mit Hilfe eines Polygraphen (Mehrkanalschreiber) die körperlichen Reaktionen des Probanden auf die Fragen registriert. Dabei handelt es sich um vorübergehende Erhöhungen der elektrischen Hautleitfähigkeit an der Hand (aufgrund einer gesteigerten Schweißdrüsensekretion) Veränderungen der Atembewegungen im Brust- und Bauchbereich sowie Änderungen des relativen arteriellen Blutdrucks im Oberarm und der Durchblutung im Finger[216].

Die wesentlichen Grundannahmen des Kontrollfragentests lauten nun: Schuldige Probanden bewerten die relevanten Fragen als besonders bedeutungsvoll und bedrohlich, da sie den Tatvorwurf (zum Beispiel: „Haben Sie Herrn X erschossen?") mit einer Lüge abstreiten müssen. Unschuldige hingegen können die relevanten Fragen wahrheitsgemäß verneinen. Für sie sind die Kontrollfragen bedeutsamer bzw. bedrohlicher. Das Ausmaß der gedanklichen Auseinandersetzung mit den Fragen und die Intensität der emotionalen Reaktionen sollen sich nach der Intention des Tests in der Stärke der körperlichen Veränderungen manifestieren. Reagiert der Proband stärker auf die Kontrollfragen als auf die relevanten Fragen, so wird er als glaubwürdig bzw. unschuldig beurteilt (negativer

---

213 SK-Rogall § 136 a Rdn. 73; Rill/Vossel NStZ 1998, 481 (486); BGH StV 1999, 74 (78).

214 Rill/Vossel NStZ 1998, 481 (486).

215 BGH StV 1999, 74 (78); NStZ 1985, 515; Heidelberger Komm.-Julius § 244 Rdn. 39.

216 Rill/Vossel NStZ 1998, 481 (482).

Befund). Resultiert ein entgegengesetztes Reaktionsmuster mit deutlich stärkerer Reaktion auf die relevanten Fragen, gilt der Proband als „unglaubwürdig" oder „schuldig" (positiver Befund). Falls keine eindeutigen Reaktionsunterschiede zu erkennen sind, bleibt das Ergebnis „unentscheidbar".

Die unterschiedliche Bedeutung von relevanten Fragen und Kontrollfragen für Schuldige und Unschuldige ergibt sich nicht von selbst. Sie muß dem Probanden vor der eigentlichen Befragung suggestiv vermittelt werden[217]. Vor der eigentlichen Testung unternimmt der Untersucher weitere Anstrengungen, dem Probanden einzureden, daß auch starke körperliche Reaktionen auf die Kontrollfragen ein Anzeichen für dessen Unglaubwürdigkeit seien. Diese Feststellung entspricht nicht den Tatsachen, das Gegenteil trifft zu. Auf diese Weise will man die Aufmerksamkeit der unschuldigen Person auf die Kontrollfragen lenken[218]. Allgemein läßt sich feststellen, daß die angenommene Funktionsweise des Kontrollfragentests auf stark simplifizierten Annahmen über das menschliche Erleben bzw. Verhalten und die entsprechenden psychophysiologischen Zusammenhänge basiert[219]. Diese mögen zwar intuitiv plausibel erscheinen, widersprechen jedoch einer wesentlichen Erkenntnis der psychophysiologischen Forschung, wonach die Beziehungen zwischen psychischen Zuständen und physiologischen Reaktionen sehr komplex und variabel sind[220]. Man kann weder davon ausgehen, daß alle Probanden in der vermuteten Art und Weise die unterschiedlichen Fragen als mehr oder weniger bedrohlich bzw. bedeutsam bewerten, noch ist die Annahme gerechtfertigt, daß die Stärke der körperlichen Reaktion in einem direkten, konstanten Verhältnis dazu steht. Auch die Vorstellung, es existiere so etwas wie ein eindeutiges körperliches Reaktionsmuster, das stets beim Lügen auftritt, ist unhaltbar[221].

Daraus ergeben sich praktische Konsequenzen: Im konkreten Einzelfall kann man anhand der Stärke der körperlichen Reaktion keine unmittelbaren Schlußfolgerungen über den Wahrheitsgehalt von Aussagen ziehen. Die Gründe, weshalb eine Person auf bestimmte Fragen stärker reagiert als auf andere, sind individualdiagnostisch nicht feststellbar[222].

Weiter ergeben sich spezielle Probleme des Kontrollfragentests insbesondere bei sexuellem Mißbrauch. Von klinischen Psychologen wurde detailliert beschrieben, wie ein Täter seine Wahrnehmungen und Bewertung sexueller Ver-

---

217 Vgl. zu den Einzelheiten Rill/Vossel NStZ 1998, 481 (482).

218 Rill/Vossel NStZ 1998, 483.

219 Rill/Vossel NStZ 1998, 485.

220 Rill/Vossel NStZ 1998, 485.

221 Rill/Vossel NStZ 1998, 485.

222 Rill/Vossel NStZ 1998, 485.

gehen verleugnen oder verzerren kann[223]. Dies kann zum Beispiel von einer vollständigen Leugnung bzw. Verdrängung bis zu verschiedenen Formen der Rationalisierung reichen, etwa dergestalt, daß sexuelle Handlungen mit den eigenen Kindern als Ausdruck väterlicher Fürsorge gesehen werden. Somit ist aber der wesentliche Faktor des Kontrollfragentests ausgeschaltet. Denn der Kontrollfragentest mißt Angst[224].

Bei der Anwendung des Kontrollfragentests in Fällen sexuellen Mißbrauchs ist nicht nur die Gefahr für irrtümlich negative Befunde hoch, sondern auch die für irrtümlich positive, also dafür, daß Unschuldige als „schuldig" klassifiziert werden. Dies ergibt sich aus der Schwierigkeit, Kontrollfragen mit einem inhaltlichen Bezug zu den relevanten Fragen zu konstruieren, die auf Seiten von Unschuldigen Angst- bzw. Unsicherheit und eine damit eingehende Erregungssteigerung von genügendem Ausmaß auslösen sollen. Diese Schwierigkeit oder sogar Unmöglichkeit resultiert aus der Tatsache, daß mit den relevanten Fragen zwangsläufig explizite und zum Teil tabuisierte sexuelle Themen bzw. Praktiken berührt werden müssen, deren Wirkung sich auch Unschuldige bei wahrheitsgemäßer Verneinung kaum entziehen können[225].

Aufgrund der gezeigten Probleme des Kontrollfragentests muß die zwischenzeitlich praktizierte Verwendung des Kontrollfragentests in Zivilprozessen und die Würdigung der Befunde als objektives Beweismittel mit äußerster Skepsis beurteilt werden. Dies gilt gleichermaßen für die intendierte Verwertung im Strafrecht[226]. Ein wesentliches Kriterium für die Qualität psychologischer Tests ist deren Unabhängigkeit von der Person des Untersuchers (Objektivität). Beim Kontrollfragentest ist der genaue Ablauf des Vortestinterviews und der anschließenden Datenerhebung im Grunde genommen willkürlich. Der Untersucher kann nach Gutdünken festlegen, welche Fragen er für angemessen hält und wie er sie formuliert. Grundlegende Anforderungen, die man an ein wissenschaftlich fundiertes Testverfahren stellen muß (zum Beispiel ein standardisierter Ablauf und eine objektive Auswertung), sind nicht erfüllt[227]. Das Kontrollfragenverfahren ist ungeeignet, weil es sich nicht um eine in den maßgebenden Fachkreisen allgemein und zweifelsfrei als richtig und zuverlässig eingestufte Methode handelt. Ihr kommt nach dem erreichten Forschungsstand auch unter Berücksichtigung der vorliegenden Validitätsstudien keinerlei Beweiswert zu[228]. Nach einhelliger wissenschaftlicher Auffassung ist es nicht möglich, ein-

---

223 Rill/Vossel NStZ 1998, 486 m.w.N.

224 Volckart, Recht und Psychiatrie 1998, 138 (139).

225 Rill/Vossel NStZ 1998, 486.

226 Rill/Vossel NStZ 1998, 486.

227 Rill/Vossel NStZ 1998, 485.

228 BGH StV 1999, 74 (77); der BGH hat ausnahmsweise in der Revisionshauptverhandlung Beweis erhoben durch Vernehmung von vier Professoren als Sachverständige – unter ih-

deutige Zusammenhänge zwischen bestimmten kognitiven oder emotionalen Zuständen und hierfür spezifischen Reaktionsmustern im vegetativen Nervensystem zu erkennen. Dies gilt insbesondere für mit der unwahren Beantwortung von Fragen in Verbindung stehende Reaktionen („no specific lie response")[229]. Unter Einsatz des polygraphischen Verfahrens kann also namentlich nicht gemessen werden, ob der Untersuchte die Wahrheit sagt[230].

Da es keine zuverlässigen Möglichkeiten der objektiven Überprüfung des Untersuchungsablaufs gibt, ist daher vor allem auch dem Gericht eine diesbezügliche Kontrolle ebenfalls verwehrt. Es müßte die Untersuchungsergebnisse und die darauf gestützten Schlüsse hinnehmen, ohne diese nachvollziehen und überprüfen zu können. Das Gericht könnte die nach der StPO ausschließlich ihm zugewiesene Kompetenz nicht wahrnehmen und würde damit zugleich seiner Aufgabe, eine eigene und letztverantwortliche Entscheidung zu treffen, nicht gerecht werden[231].

Das Kontrollfragenverfahren ist auch kein relativ geeignetes Beweismittel, da es keine seriöse Validität der Testergebnisse bei Lügendetektortests gibt[232]. Denn es gibt kaum Kriterien, die die Richtigkeit des Polygraphentests beweisen und damit einen brauchbaren Prüfungsmaßstab abgeben könnten. Denn da das an sich maßgebliche Kriterium der „tatsächlichen Wahrheit" nicht bekannt ist, können nur *post hoc*-Klassifikationen herangezogen werden. Diese bestehen üblicherweise aus Geständnissen (nur ausnahmsweise zuzüglich „klare" Sachbeweise), Gerichtsurteilen oder Entscheidungen von Expertengruppen, die ausschließlich für die Untersuchung zusammengestellt wurden (*panel*-Entscheidungen)[233]. Diese Kriterien sind schon für sich genommen als Beweis für die Wahrheit von ganz unterschiedlicher Qualität. Ein Geständnis allein beweist nicht die Schuld des Betroffenen und damit die Richtigkeit eines entsprechenden Testergebnisses.

Zudem kann der Polygraphentest im Einzelfall durch bewußte Manipulationen seitens des Beschuldigten bzw. des Zeugen gesteuert werden. In Betracht kommen insoweit neben physischen (zum Beispiel: Beißen auf die Zunge) vor allem auch mentale Aktivitäten, wie etwa von den gestellten Fragen thematisch abweichende Gedankenarbeit (zum Beispiel: das Lösen von Rechenaufgaben). Diese manipulierenden Maßnahmen sind in kurzer Zeit erlernbar und können gezielt auf den Einsatz bei polygraphischen Messungen trainiert werden und sind aber für den Untersucher nicht zu erkennen[234]. Die Effektivität manipulierender Maß-

---

nen Prof. Undeutsch, welcher die Verwendung des Polygraphen in den sexuellen Mißbrauchsfällen stark befürwortet hatte.

229 BGH StV 1999, 76.

230 BGH StV 1999, 76.

231 BGH StV 1999, 78.

232 Volckart, Recht und Psychiatrie 1998, 138 (139); BGH StV 1999, 78.

233 BGH StV 1999, 79.

234 BGH StV 1999, 79.

nahmen läßt sich zudem durch psychologische Techniken steigern, zum Beispiel im Wege instrumentellen Lernens der Veränderung physiologischer Reaktionen durch kontinuierliche Rückmeldung der aktuellen Meßwerte (Bio-Feedback). Dem Untersucher ist keine Methode an die Hand gegeben, daß hieraus entstehende Manipulationsrisiko auszuschließen oder auch nur zu senken[235].

Auch das sog. Tatwissenverfahren ist kein geeignetes Beweismittel. Beim Tatwissenverfahren werden tatrelevante Informationen dargeboten, die eine Aussage darüber ermöglichen sollen, ob der Beschuldigte entsprechendes Wissen (Täterwissen) besitzt. Dazu werden üblicherweise fünf oder sechs tatbezogene Fragen gestellt und jeweils sechs Antworten vorgegeben, von denen eine für die aktuelle Tat nach dem Ermittlungsergebnis zutrifft („Wo befand sich die gestohlene Uhr? – im Schrank; auf dem Bücherregal und so weiter). Dem liegt die Annahme zugrunde, daß der Täter bei den richtigen Antworten infolge einer beispielsweise auf dem Wiedererkennen einer Information beruhenden Orientierungsreaktion stärkere innere Erregung und damit körperlich meßbare Veränderungen zeigt als bei den übrigen Antwortvorschlägen, während bei einem Unschuldigen derartige Unterschiede nicht eintreten dürften[236]. Das Tatwissenverfahren funktioniert nur dann zwingend, wenn vor dessen Durchführung dem Beschuldigten als Antworten vorgeschlagene Tatdetails nicht bekannt geworden sind. Dies ist regelmäßig jedoch vor allem aufgrund des Akteneinsichtsrechts des Strafverteidigers in der Hauptverhandlung nicht mehr gegeben. Daher ist auch das Tatwissenverfahren als ungeeignetes Beweismittel anzusehen[237].

Die polygraphische Untersuchung führt also zu einem völlig ungeeigneten Beweismittel im Sinne des § 244 Abs. 3 S. 2 4. Alt. StPO.

Zudem steht die den Art. 1 Abs. 1 GG ausformende Bestimmung des § 136 a StPO der Nutzung der polygraphischen Untersuchungsmethode entgegen. Daher ist ein Beweisantrag, gerichtet auf Verwendung eines Polygraphen, gemäß § 244 Abs. 3 S. 1 StPO als unzulässig zu bescheiden, da selbst bei Einwilligung des Angeklagten oder des Zeugen ein Verstoß gegen § 136 a StPO vorliegt[238]. Hielte man den Polygraphen für ein geeignetes Beweismittel, so könnte der Beschuldigte keine der Untersuchungsfragen wahrheitsgemäß, bewußt unrichtig, ausweichend beantworten oder übergehen, ohne daß zugleich willensunabhängige, meist unbewußte, mit den Fragen wechselnde Körpervorgänge, die durch

---

235 BGH StV 1999, 79.

236 Vgl. BGH StV 1999, 76.

237 BGH StV 1999, 79.

238 BVerfG NStZ 1981, 446; NJW 1998, 1938; BGHSt 5, 332; Kleinknecht/Meyer-Goßner § 136 a Rdn. 24; SK-Rogall § 136 a Rdn. 76; Heidelberger Komm.-Lemke § 136 a Rdn. 43; KK-Boujong § 136 a Rdn. 34; zweifelnd, im Grunde aber ablehnend, Löwe/Rosenberg-Hannack, 25. Aufl., § 136 a Rdn. 56.

seelisch leibliche Wechselwirkung zustande kommen, aufgezeichnet und vom Sachverständigen zur Beurteilung seiner Glaubwürdigkeit benutzt werden. Der Polygraph bezweckt mithin, vom Beschuldigten mehr und andere „Aussagen“ als beim üblichen Verhör zu erlangen, darunter solche, die er unwillkürlich macht und ohne das Gerät gar nicht machen kann. Neben der bewußten und gewollten Antwort auf die Fragen „antwortet“, ohne daß der Beschuldigte es hindern kann, auch das Unbewußte[239]. Ein solcher Einblick in die Seele des Beschuldigten und ihre unbewußten Regungen verletzt die Freiheit der Willensentschließung und Betätigung (§ 136 a StPO) und ist im Strafverfahren unzulässig. Zur Erhaltung und Entwicklung der Persönlichkeit gehört ein lebensnotwendiger und unverzichtbarer seelischer Eigenraum, der auch im Strafverfahren unangetastet bleiben muß[240]. Das Gericht darf hiernach bewußte und unbewußte Ausdrucksvorgänge beim Angeklagten, die in der Hauptverhandlung in üblicher Weise hervortreten, bei der Beweiswürdigung mit Vorsicht, Zurückhaltung und Menschenkenntnis berücksichtigen. Diesen recht groben Sinneseindrücken des täglichen Lebens stehen solche, die durch Messung unbewußter und verborgener Körpervorgänge gewonnen und dann zur seelenkundlichen Deutung genutzt werden, nicht gleich. Die Erforschung des Unbewußten des Beschuldigten – im Gegensatz zu offen hervortretenden Ausdrucksbewegungen – ist unzulässig[241].

Dies gilt insbesondere unter dem Aspekt, daß der Nemo-tenetur-Grundsatz ansonsten ausgehöhlt werden würde. Die Verwertbarkeit von Lügendetektortests würde einen starken faktischen Druck auf Beschuldigte ausüben, sich dem Test zu unterziehen. Es würde sich um einen mittelbaren Zwang handeln[242]. Die Konsequenzen der Zulassung des Polygraphen wären daher kaum überschaubar[243]. Ein Verstoß gegen den Nemo-tenetur-Grundsatz würde auch darin liegen, daß die Vernehmung bei Verwendung des Polygraphen weitgehend durch körperliche Eingriffe zu Versuchszwecken ersetzt werden würde[244]. Der Beschuldigte würde zu einem bloßen Objekt der Ermittlungen, weil er einem willentlich nicht kontrollierbaren Eingriff zu Versuchszwecken ausgesetzt werden würde[245]. Dies ergäbe den scheinbar „gläsernen“ Angeklagten bzw. Zeugen. Eine derartige „Durchleuchtung“ der Person, ein Einblick in ihre unbewußten seelischen Regungen, greift in unzulässiger Weise in das durch Art. 2 Abs. 1 in

---

239 BGHSt 5, 332 (335).

240 BGHSt 5, 332 (335).

241 BGHSt 5, 332 (335).

242 Löwe/Rosenberg-Hannack, 25. Aufl., § 136 a Rdn. 56; Volckart, Recht und Psychiatrie 1998, 138 (142).

243 Löwe/Rosenberg-Hannack, 25. Aufl., § 136 a Rdn. 56.

244 Kleinknecht/Meyer-Goßner § 136 a Rdn. 24.

245 Kleinknecht/Meyer-Goßner § 136 a Rdn. 24.

Verbindung mit Art. 1 Abs. 1 GG geschützte Persönlichkeitsrecht des Beschuldigten oder Zeugen ein[246].

Zudem baut die Polygraphie auf Täuschung auf. Denn zumindest beim Kontrollfragentest werden gegenüber dem Probanden falsche Angaben gemacht. Damit ist § 136 a StPO nicht nur analog, sondern sogar unmittelbar anwendbar[247].

Nicht gefolgt werden kann der Auffassung, daß das Merkmal der Täuschung im Sinne des § 136 a Abs. 1 S. 1 StPO restriktiv auszulegen sei und daher geringfügige Irreführungen nicht erfaßt werden sollen[248].

Vor allen Dingen ist aber § 136 a Abs. 3 StPO zu beachten. Danach gilt das Verbot der Abs. 1 und 2 des § 136 a StPO ohne Rücksicht auf die Einwilligung des Beschuldigten. Aussagen, die unter Verletzung dieses Verbots zustande gekommen sind, dürfen auch dann nicht verwertet werden, wenn der Beschuldigte der Verwertung zustimmt[249]. Dieses Beweisgewinnungs- und -verwertungsverbot auch bei Zustimmung des Beschuldigten hat seinen guten Grund. Denn ansonsten käme es zu einer faktischen Aushöhlung der verbotenen Vernehmungsmethoden und auch zu einer faktischen Aushöhlung der Freiheit, ohne Polygraphen vor Gericht auszusagen. Daher gebietet schon der reine Gesetzeswortlaut gemäß § 136 a Abs. 3 StPO, den Polygraphen auch bei Einwilligung des Beschuldigten nicht zu verwenden[250].

Aufgrund der genannten tiefgreifenden Bedenken kann den Überlegungen nicht gefolgt werden, daß dem seine Entlastung erstrebenden Beschuldigten die Möglichkeit des Polygraphen nicht unter Hinweis auf die allgemeine staatliche Verpflichtung zur Achtung und Schutz der Menschenwürde (Art. 1 Abs. 1 S. 2 GG) verwehrt werden könne[251]. Zwar mag ein solches Verbot, den Lügendetektor zu benutzen, einen dem Willen und den Interessen des Beschuldigten widersprechenden Schutz darstellen[252]; aber das Verbot der Verwertung von Lügendetektortests dient nicht nur dem Schutz des Einzelnen vor einem bestimmten Eingriff, sondern der Sicherung eines fairen Verfahrens und den Schutz der Rechtsordnung insgesamt. Es steht damit in einer Reihe mit dem Prinzip, daß ein Angeklagter auf notwendige Verteidigung nicht verzichten kann, seinen Verteidiger nicht anweisen kann, eine bestimmte Verteidigungsverhandlung vorzunehmen oder nicht vorzunehmen und daß ein falsches oder möglicherwei-

---

246 KK-Boujong § 136 a Rdn. 34.

247 Bei Täuschung Volckart, Recht und Psychiatrie 1998, 138 (143).

248 Anders: BGH StV 1999, 77.

249 KK-Boujong § 136 a Rdn. 34.

250 Kleinknecht/Meyer-Goßner § 136 a Rdn. 26.

251 BGH StV 1999, 76.

252 BGH StV 1999, 76.

se falsches Geständnis unbeachtlich ist, auch wenn der Angeklagte gute Gründe für seine Überzeugung hat, damit seinen wahren Interessen zu dienen[253].

V. Eventueller Mißbrauch des Beweisantragsrechts auf Experimentalbeweis – sog. Konfliktverteidigungen

Im Zuge der Stärkung der Verteidigungsrechte, hier der Qualifizierung des Experimentalbeweisantrags generell als echter Beweisantrag, ist auch auf einen eventuellen Mißbrauch des Beweisantragsrechts auf Experimentalbeweis im Rahmen der sog. Konfliktverteidigung einzugehen. Dabei ist folgendes zu erwägen:

Zum Teil wird behauptet, der deutsche Strafprozeß sei in der Krise. Dabei wird vor allen Dingen bemängelt, der Strafprozeß dauere zu lang. Im Zentrum der Kritik steht vor allem von Richterseite Kritik am Beweisantragsrecht[254].

Dabei ist zu beachten, daß es ein Spannungsverhältnis zwischen deutschem Strafrechtssystem einerseits, dem Beweisantragsrecht andererseits sowie ausufernden Verteidigungen, sog. Konfliktverteidigungen, andererseits gibt.

Das deutsche Strafrechtssystem ist kurz in seinen Grundzügen zu untersuchen: Es handelt sich um ein inquisitorisches Modell von starker Machtzentrierung[255]:

- Die Masse der Fälle wird im Ermittlungsverfahren erledigt, dort erfolgen auch schon die wichtigsten Weichenstellungen[256].
- Die Verfahrensmacht bezüglich des Zwischenverfahrens und des Hauptverfahrens liegt in den Händen des Gerichts.
- Die Urteilsmacht bezüglich des Zwischenverfahrens und des Hauptverfahrens liegt auch bei dem Tatgericht.
- Die Urteilsmacht des Tatgerichts bezieht sich im Hauptverfahren sowohl auf den Schuldspruch als auch auf die Strafhöhe.
- Das Gericht besitzt in allen Verfahrensstadien Aktenkenntnis.
- Es gibt nur eine relativ geringe Revisionsüberprüfung, da beim Landgericht im Regelfall kein Wortprotokoll geführt wird.
- Anders als im adversatorischen angelsächsischen Modell, wo Staatsanwaltschaft und Strafverteidigung eine Beibringungspflicht bezüglich der Tatsachen haben, haben im deutschen Strafprozeß die Staatsanwaltschaft und die Strafverteidigung nur Komplementärfunktion.

Die sog. Konfliktverteidigung, das heißt das Entstehen eines neuen Verteidigertypus, erscheint als Antwort auf die herausragende Kumulierung von Verfahrens-

---

[253] Volckart, Recht und Psychiatrie 1998, 138 (143).

[254] Perron ZStW 108 (1996), S. 128.

[255] Perron ZStW 108 (1996), S. 128 (154).

[256] Perron, Beweisantragsrecht, S. 115 bei Fußnote 48.

und Urteilsmacht des Gerichts. Zu erwägen ist, inwieweit eine aus der Sicht der Gerichte ausufernde Verteidigung nur eine Reaktion der Verteidigung auf eine strukturell ausufernde Macht des Gerichts ist. War früher das Beziehungsdreieck Gericht, Staatsanwalt und Strafverteidiger das tragende Element, während die Angeklagten wechselten, kommt es heute vielfach zu einer erhöhten Identifizierung der Verteidiger mit den Interessen des Angeklagten. Wurde früher das Strafverteidigerverhalten von Strafverteidiger zu Strafverteidiger quasi als Geheimwissen weitergegeben, gibt es heute eine feststehende Etablierung von Strafverteidigerzirkeln und auch die Tradierung von Verteidigerwissen in sog. Formular- und Handbüchern.

Somit erscheint die Krise des Strafprozesses und eine angebliche Krise des Beweisantragsrechts als Krise des Miteinander-Prozessierens[257]. Zu beachten ist dabei allerdings, daß regelmäßig die Fälle unproblematisch verhandelt werden. Die überlange Verfahrensdauer bezieht sich nur auf eine relativ kleine Anzahl von Fällen[258]. Diese Krise des Miteinander-Prozessierens in einer kleinen Anzahl von Fällen muß ertragen werden. Eine eventuelle Stärkung des Verteidigungsfundaments durch eine Stärkung des Beweisantragsrechts auf Experimentalbeweis wird ihrerseits nach einem kurzen Lerneffekt zu einer adäquaten Reaktion der rechtstechnisch hochqualifizierten Richterschaft führen.

257 Perron, ZStW 108 (1996), 128 (154).

258 Perron, ZStW 108 (1996), 128 (139).

2. Teil
Der Antrag auf Erhebung präsenter Experimentalbeweise in der Hauptverhandlung gemäß § 245 StPO

§ 245 StPO beschäftigt sich mit präsenten Beweismitteln. Das Gericht ist zur Erstreckung der Beweiserhebung auf die vom Angeklagten oder der Staatsanwaltschaft vorgeladenen und auch erschienenen Zeugen und Sachverständigen sowie auf die sonstigen herbeigeschafften Beweismittel generell verpflichtet, sobald ein Beweisantrag gestellt wird. Dabei ist die Ladung nicht notwendige Bedingung. Auch ohne Ladung erschienene Beweispersonen erzeugen eine Beweiserhebungspflicht.[259] Nur unter den – gegenüber § 244 Abs. 3-5 StPO engeren – Voraussetzungen des § 245 Abs. 2 StPO kann ein auf präsente Beweismittel gerichteter Antrag abgelehnt werden.

§ 245 StPO setzt also einen echten Beweisantrag voraus. Der Experimentalbeweisantrag ist ein echter Beweisantrag. Folglich wird ein präsenter Experimentalbeweis dann gemäß § 245 StPO erhoben werden müssen, wenn ein entsprechender Beweisantrag gestellt wird. Der Katalog der sachlichen Ablehnungsgründe des § 245 StPO ist enger als der des § 244 Abs. 3-5 StPO: Eine Ablehnung wegen Unerreichbarkeit, die bei präsenten Beweismitteln sinnlos wäre, ist wegen Wahrunterstellung – angesichts des dann schon vorhandenen Beweismittels – unzulässig. Die Ablehnung eines Antrages auf Anhörung eines Sachverständigen wegen eigener Sachkunde des Gerichts ist ausgeschlossen.[260]

Der Begriff des fehlenden Sachzusammenhanges des § 245 StPO ist wesentlich enger als derjenige der Bedeutungslosigkeit in § 244 Abs. 3 S. 2 StPO. Die Ablehnung ist nur zulässig, wenn jede Sachbezogenheit zwischen Beweistatsache und Gegenstand der Urteilsfindung fehlt.[261] Unter den in § 245 StPO genannten sonstigen Voraussetzungen hat der Beweisantragsteller im Falle der präsenten Beweismittel einen generellen Beweiserhebungsanspruch. Folglich besteht im Falle des § 245 StPO auch unter den dort genannten Voraussetzungen ein genereller Anspruch auf Erhebung eines Experimentalbeweises, der durch einen Experimentalbeweisantrag beantragt worden ist.

Für den Experimentalbeweisantrag ist insofern besonders relevant, daß auf präsente Augenscheinsgegenstände § 244 Abs. 5 S. 1 StPO keine Anwendung findet. Der Augenschein im Rahmen eines Experimentalbeweisantrages kann also nicht nach dem bloßen pflichtgemäßen Ermessen des Gerichts abgelehnt wer-

---

259 Kleinknecht/Meyer-Goßner § 245 Rdn. 16.

260 BGH NStZ 1994, 400.

261 Marx, NJW 1981, 1415 (1420).

den, wenn dieser Augenschein zur Erforschung der Wahrheit nicht erforderlich sein soll.[262] Auch für den Augenschein gelten insofern nur die Ablehnungsgründe des § 245 Abs. 2 StPO.[263] Somit zeigt sich besonders in diesem Falle ganz deutlich die Bedeutung der Qualifizierung des Experimentalbeweisantrages als echter Beweisantrag. Dadurch hat der Antragsteller einen generellen Anspruch, da § 244 Abs. 5 StPO mit dem dort angeordneten Ermessen gerade keine Anwendung findet. Würde man dem Experimentalbeweisantrag allerdings generell als Rechtsfolge nur Ermessen gemäß § 244 Abs. 2 StPO zubilligen, so hätte auch im Falle des präsenten Beweismittels der Antragsteller keinen Anspruch auf Erhebung des Experimentalbeweises.

Resümierend läßt sich feststellen, daß die Prozeßsubjekte einen Anspruch auf Erhebung präsenter Experimentalbeweismittel gemäß § 245 StPO besitzen.

---

262 Kleinknecht/Meyer-Goßner § 245 Rdn. 15-17, 22; KK-Herdegen § 245 Rdn. 12, 14.

263 Kleinknecht/Meyer-Goßner § 245 Rdn. 22.

3. Teil
Der Antrag auf Vornahme von Experimenten im Vorverfahren

Der Antrag auf Vornahme von Experimenten im Vorverfahren richtet sich nach den §§ 163 a Abs. 2, 166 Abs. 1 StPO.

I. Das Beweisantragsrecht des Beschuldigten gegenüber der Staatsanwaltschaft gemäß § 163 a Abs. 2 StPO

Adressat des Antrages des Beschuldigten gemäß § 163 a Abs. 2 StPO ist die Staatsanwaltschaft und die Polizei.[264] Die praktische Relevanz dieser Vorschriften wird wohl zutreffend als sehr gering eingeschätzt.[265] Die Nichtbefolgung der Pflicht der Staatsanwaltschaft aus § 163 a StPO bleibt praktisch sanktionslos für die Strafverfolgungsbehörde, da die Beschwerde gemäß § 304 StPO sich nur gegen richterliche Handlungen wenden kann und eine eigenständige Überprüfungsmöglichkeit in den §§ 163 a ff. StPO nicht eingerichtet ist. Gemäß § 163 a StPO sind die Beweise zu erheben, „wenn sie von Bedeutung sind".

1. Eine verbreitete Ansicht geht davon aus, daß es sich dabei um die Einräumung von Rechtsfolgen-Ermessen für die Staatsanwaltschaft handelt.[266]

§ 244 Abs. 3-5 StPO soll nicht gelten, es soll allein § 244 Abs. 2 StPO maßgebend sein.[267] Folgte man dieser Ansicht, so würde jeder unstreitig echte Beweisantrag schon im Rahmen des Vorverfahrens gegenüber der Staatsanwaltschaft *keinen* Beweiserhebungsanspruch auslösen.

Daher könnte dies dann ebensowenig für den Experimentalbeweisantrag gelten, auch wenn man diesen – wie dies oben geschehen ist – als echten Beweisantrag ansieht.

2. Zutreffenderweise wird man jedoch dem Antrag gemäß § 163 a StPO die Qualität eines Beweisantrages zubilligen müssen.[268] Die Subjektstellung des Beschuldigten erfordert es, daß seine Stellung im Vorverfahren gestärkt wird.[269] Das

---

264 Löwe/Rosenberg-Rieß § 163 a Rdn. 6.

265 Alsberg/Nüse/Meyer, S. 336; Löwe/Rosenberg-Rieß § 163 a Rdn. 107.

266 Kleinknecht/Meyer-Goßner § 163 a Rdn. 15; KK-Wache § 163 a Rdn. 8; Alsberg/Nüse/Meyer, S. 336.

267 KK-Wache § 163 a Rdn. 8.

268 Ebenso: Löwe/Rosenberg-Rieß § 163 a Rdn. 107; Krekeler NStZ 1991, 367 (368 ff.); Krekeler, S. 79; Nelles StV 1986, 74 (77); AK-Achenbach § 163 a Rdn. 8.

269 Ebenso: Krekeler NStZ 1991, 367 (368).

Ermittlungsverfahren führt regelmäßig dazu, daß der Beschuldigte zahlreiche tiefgreifende, gegen ihn gerichtete Eingriffe erdulden muß. Diese Eingriffe, jeweils in den Kernbestand der Art. 2 und 13 GG – wie zum Beispiel Hausdurchsuchung, Haftbefehl, körperliche Untersuchung –, hat der Beschuldigte nur dann hinzunehmen, wenn er die für die einzelnen Maßnahmen notwendigen Verdachtsgrade durch von ihm beantragte und von Amts wegen durch die Staatsanwaltschaft zu erhebende Beweise potentiell beseitigen kann und dadurch weitere Beeinträchtigungen in seinem allgemeinen Freiheitsrecht des Art. 2 GG nicht hinzunehmen genötigt ist. Der Beschuldigte darf insoweit nicht auf das Wohlwollen und die ordnungsgemäße Erledigung der Dienstgeschäfte der Staatsanwaltschaft von Amts wegen im Wege des Rechtsreflexes des § 160 Abs. 2 StPO verwiesen sein. Er muß einen eigenständigen Anspruch auf Beweiserhebung gegenüber der Staatsanwaltschaft besitzen. Denn mittelbar kann der Beschuldigte die Staatsanwaltschaft darüber hinaus nämlich nur durch eine Anzeige wegen Freiheitsberaubung und durch Mobilisierung der Presse – also durch außerprozessuale Sanktionen mit nur mittelbarer und somit begrenzter Wirkungsweise – versuchen zu beeinflussen, falls diese die Beweise grundlos, unwillig oder gar nicht erhebt.

Zudem hat die Tatsache, daß der Gesetzgeber § 163 a Abs. 2 StPO nachträglich eingefügt hat,[270] nur dann einen Sinn, wenn damit ein eigenständiger Regelungsgehalt gegenüber der objektivrechtlichen Norm des § 160 Abs. 2 StPO verbunden sein soll. Würde man dem Beschuldigten im Rahmen des § 163 a StPO nur einen Anspruch auf ermessensfehlerfreie Bescheidung gewähren, würde § 163 a StPO einen nur unerheblichen eigenständigen Regelungsbereich erfahren. Diesen besäße die Norm des § 163 a StPO nur in dem Falle des Ermessensausfalls bzw. des Ermessensfehlgebrauchs. Dem Staatsanwalt, der seine Akten „im Griff" hat, wird dieser Lapsus aber nur selten unterlaufen.

Selbst wenn bei der Ermessensausübung aber dennoch ein Fehler auftreten sollte, hieße dessen Korrektur nur eine ermessensfehlerfreie Bescheidung. Damit wäre aber dem Beschuldigten noch kein Anspruch auf die erstrebte Beweiserhebung zugewiesen. Der Beschuldigte wäre auf den Anspruch der bloßen fehlerfreien Ermessensausübung verwiesen (zum Beispiel durch den LOStA nach erfolgreicher Dienstaufsichtsbeschwerde) und müßte damit die Eingriffe in seine Freiheitssphäre aus Art. 2 GG und die massiven sozialen Sanktionen durch die Anklageerhebung und den meist dann reflexhaft folgenden Eröffnungsbeschluß machtlos (bezogen auf die Ebene des Tatsachenstoffes) hinnehmen.

Der widerspruchslose Eingriff in seine Rechte aus Art. 13 und 2 GG ist dem Beschuldigten nur dann anzusinnen, wenn er dafür hinreichend durch sein eigenes Tun Anlaß gegeben hat und einen unberechtigten Eingriff hinreichend ab-

---

270 Löwe/Rosenberg-Rieß § 163a vor Rdn. 1.

wehren kann. Zur Prüfung dieser Frage muß er eigene Einflußmöglichkeiten auf das Handeln des Staates besitzen. Folglich ist die Abwägung zwischen den Rechtsgütern des Einzelnen aus Art. 13 und 2 GG einerseits und dem Interesse der Allgemeinheit an einer funktionierenden Strafrechtspflege andererseits nur dann gewährleistet, wenn dem Einzelnen – hier dem Beschuldigten – eine hinreichende Abwehrmöglichkeit zu Gebote steht.

Weiter kann aus der sprachlichen Fassung des § 163 a StPO auf ein subjektiv-öffentliches Recht des Beschuldigten auf Beweiserhebung geschlossen werden. Die Beweise sind zu erheben, „wenn sie von Bedeutung sind". Folglich enthält § 163 a Abs. 2 StPO mit der Bedeutungslosigkeit der Tatsachen einen Versagungsgrund für die erstrebte Maßnahme. Daher muß § 163 a StPO grundsätzlich einen Anspruch auf Beweiserhebung vermitteln, der nur dann nicht eingreift, wenn der Versagungsgrund erfüllt ist.[271]

3. Zudem ist zu beachten:

Das Verhältnis von §§ 160 Abs. 2 und 163 a StPO findet seine Entsprechung in §§ 244 Abs. 2 und 244 Abs. 3 StPO. Der Pflicht, von Amts wegen tätig zu werden in §§ 160 Abs. 2 bzw. 244 Abs. 2 StPO korrespondiert das subjektiv-öffentliche Recht, die Beweiserhebung zu verlangen in § 244 Abs. 3-5 StPO bzw. § 163 a StPO.

Hierbei ist zu bedenken, daß die Existenz des § 244 Abs. 2 StPO die Gerichte und die Wissenschaft auch nicht davon abgehalten hat, dem Angeklagten eine über das Maß des § 244 Abs. 2 StPO hinausgehende eigenständige Antragsbefugnis zuzugestehen.[272] Die erst im Jahre 1962 in die Strafprozeßordnung eingefügte Regelung des § 163 a weist bisher noch nicht die Genauigkeit und Regelungsdichte auf, die in einer langen Entwicklung durch Reichsgericht und Gesetzgeber heute hinsichtlich des Anspruchs des Beschuldigten auf Beweiserhebung in der Hauptverhandlung gemäß § 244 Abs. 3-5 StPO erzielt werden konnte.[273]

Bei dem Terminus „von Bedeutung" handelt es sich in § 163 a StPO also nicht um das Einräumen von Ermessen, sondern um einen unbestimmten Rechtsbegriff.[274]

Es bleibt festzuhalten, daß § 163 a StPO dem Beschuldigten im Vorverfahren gegenüber der Staatsanwaltschaft einen eigenständigen Beweiserhebungsanspruch gewährt. Folglich ist auch der Experimentalbeweisantrag – als echter Beweisantrag – zu erheben, es sei denn der Experimentalbeweisantrag ist für das Verfahren ohne Bedeutung. Dabei sind ähnliche Kriterien, wie bei dem Ab-

---

271 Krekeler NStZ 1991, 367 (369).

272 Löwe/Rosenberg-Rieß § 163 a Rdn. 108.

273 Löwe/Rosenberg-Rieß § 163 a Rdn. 107.

274 Löwe/Rosenberg-Rieß § 163 a Rdn. 112.

lehnungsgrund der Bedeutungslosigkeit gemäß 244 Abs. 3 S. 2 StPO, maßgebend.[275] Die Beweiserhebung kann also abgelehnt werden, wenn die unter Beweis gestellten Tatsachen mit dem Gegenstand des Ermittlungsverfahrens in keiner Beziehung stehen, oder wenn sie, ihre Erwiesenheit unterstellt, die Entscheidung der Staatsanwaltschaft über die Erhebung der öffentlichen Klage nicht beeinflussen können.[276]

Auch die übrigen in § 244 Abs. 3-4 StPO normierten Ablehnungsgründe haben Hinweischarakter, wann Beweisanträgen nicht nachgegangen zu werden braucht. Unzulässigkeit, Unerreichbarkeit der Beweismittel und die Wahrunterstellung sind also ebenfalls, angesichts der rudimentären gesetzlichen Regelung des §163 a StPO, erhebliche Gesichtspunkte im Rahmen des § 163 a StPO.[277]

Da im Ermittlungsverfahren das Freibeweisverfahren zulässig ist, hat der Beschuldigte grundsätzlich keinen Anspruch auf eine bestimmte Form der Beweiserhebung.[278]

Fazit: Im Rahmen des Vorverfahrens gewährt der Experimentalbeweisantrag gemäß § 163 a Abs. 2 StPO als echter Beweisantrag dem Beschuldigten einen eigenständigen Beweiserhebungsanspruch.

II. Das Beweisantragsrecht des Beschuldigten bei der richterlichen Vernehmung gemäß § 166 StPO

Die in § 166 Abs. 1 StPO dem Beschuldigten eingeräumte Beweisantragsmöglichkeit enthält eine Abweichung von dem Grundsatz, daß das Ermittlungsverfahren in der Hand der Staatsanwaltschaft liegt.[279] § 166 Abs. 1 StPO konstatiert eine generelle Beweiserhebungspflicht für den Richter, wenn er die Beweise „für erheblich erachtet".[280] Nach § 166 Abs. 1 StPO ist der Richter dazu aber nur in zwei Fällen verpflichtet, in denen die Beweiserhebung besonders dringlich ist:

Zum einen muß „der Verlust der Beweise zu befürchten sein", weil zum Beispiel ein Zeuge an einer unheilbaren Krankheit im Endstadium leidet oder ein Augenscheinsgegenstand verderblicher Natur unterzugehen droht. In diesem Fall muß der Richter die Beweise selbst erheben und darf nicht wertvolle Zeit damit fruchtlos verstreichen lassen, daß er die Beweiserhebung erst von der Staatsanwaltschaft vornehmen läßt, indem er die Akten an die Staatsanwaltschaft mit einem entsprechenden Vermerk übersendet.

---

275 Löwe/Rosenberg-Rieß § 163 a Rdn. 112.

276 Löwe/Rosenberg-Rieß § 163 a Rdn. 113.

277 Löwe/Rosenberg-Rieß § 163 a Rdn. 113.

278 Löwe/Rosenberg-Rieß § 163 a Rdn. 115.

279 Alsberg/Nüse/Meyer, S. 338.

280 Alsberg/Nüse/Meyer, S. 338 f.

Zudem muß der Richter den Beweis selbst erheben, wenn „das Beweisergebnis dazu führen kann, daß die U-Haft aufgehoben werden muß“. Diese Regelung erscheint als Appendix der haftrichterlichen Befugnisse. Derjenige, der über den Haftbefehl zu entscheiden hat, soll auch über die insoweit erheblichen Beweise und Beweisanträge befinden.

Da § 166 Abs. 1 StPO dem Gericht generell eine Beweiserhebungspflicht auferlegt, muß auch der Experimentalbeweisantrag als echter Beweisantrag unter den vorgenannten Bedingungen erhoben werden.

4. Teil
Der Antrag auf Vornahme von Experimenten im Zwischenverfahren

Der Angeschuldigte muß sich mit seinen Anträgen gemäß § 201 StPO gegen die Eröffnung des Hauptverfahrens wenden. Falls der Angeschuldigte mit seinen Anträgen erkennbar nur auf eine Beweisaufnahme in der Hauptverhandlung abzielt, so sind seine Anträge gemäß § 219 StPO zu behandeln.[281] Es kommt also darauf an, daß die Beweiserhebung Art oder Umfang der Eröffnung des Hauptverfahrens beeinflussen kann.[282]

Zum Teil wird davon ausgegangen, daß § 201 StPO dem Tatgericht freies Ermessen bei der Beurteilung der Anträge des Angeschuldigten einräumt.[283] An dieser Argumentation ist zutreffend, daß § 201 StPO keine eigenen Aussagen darüber enthält, nach welchen Maßstäben das Gericht über die Anträge zu entscheiden hat.[284] Den Angeschuldigten allerdings hier auf bloßes Ermessen des Gerichts reduzieren zu wollen, erscheint angesichts der weittragenden Folgen des Hauptverfahrens – insbesondere der Publizitätswirkung und der psychischen Belastung des Beschuldigten im Zuge einer Hauptverhandlung – unangemessen. Diese Auffassung ist daher abzulehnen.

Vielmehr ist dem Angeschuldigten ein genereller Anspruch auf Beweiserhebung zuzubilligen. Der Katalog der Ablehnungsgründe des § 244 Abs. 3 StPO ist dabei analog anzuwenden.[285] Dem § 201 StPO sollte die wissenschaftliche Diskussion die Ausdifferenzierung verleihen, die das Beweisantragsrecht in der Hauptverhandlung gemäß § 244 Abs. 3 StPO durch die höchstrichterliche Judikatur und den Gesetzgeber im Laufe seiner jahrzehntelangen Entwicklung erfahren hat.

Daß die Rechtsprechung diese Ausformung des § 201 StPO bisher noch nicht vorgenommen hat, scheint auch vor allen Dingen durch spezifische Charakteristika der Prozeßabläufe begründet zu sein. Falls das Tatgericht nicht geneigt sein sollte, den Beweisanträgen der Verteidigung nachzugehen, wird die Verteidigung regelmäßig aus atmosphärischen Gründen auf eine schriftsätzliche oder informelle Klärung dieser Fragen verzichten. Regelmäßig wird die Verteidigung ihre Kraft für die Hauptverhandlung sparen. Dort steht der Verteidigung § 244 Abs. 3 StPO zu Gebote, wodurch mit vergleichsweise wenig Kraftaufwand die Erhebung der Beweise doch noch regelmäßig erreicht werden kann.

---

281 Löwe/Rosenberg-Rieß § 201 Rdn. 22; Kleinknecht/Meyer-Goßner § 201 Rdn. 6.

282 Löwe/Rosenberg-Rieß § 201 Rdn. 30.

283 KK-Tolksdorf § 201 Rdn. 19; Kleinknecht/Meyer-Goßner § 201 Rdn. 8.

284 KK-Tolksdorf § 201 Rdn. 19; Löwe/Rosenberg-Rieß § 201 Rdn. 29.

285 Löwe/Rosenberg-Rieß § 201 Rdn. 30 bei Fußnote 34; KMR-Paulus § 201 Rdn. 19; Fezer, Strafprozeßrecht, Fall 9 Rdn. 72.

Der Hauptgrund aber, daß § 201 StPO nicht eine § 244 Abs. 3 StPO entsprechende Ausdifferenzierung erfahren hat, ist darin zu sehen, daß die unzulässige Ablehnung von Anträgen gemäß § 201 StPO nicht mit der Revision gerügt werden kann, da das Urteil darauf nicht beruht.[286]

§ 201 StPO gewährt dem Beschuldigten also einen generellen Anspruch auf die Erhebung von Beweisen. Da der Experimentalbeweisantrag einen echten Beweisantrag darstellt, hat der Beschuldigte auch auf die Erhebung von Experimentalbeweisen im Vorverfahren einen generellen Anspruch gemäß § 201 StPO, soweit der Katalog der Ausschlußgründe des § 244 Abs. 3 StPO (in entsprechender Anwendung) dies nicht ausschließt.

Die hier skizzierte Auffassung führt zu einer gewissen Verlagerung des Schwerpunkts des Strafverfahrens in das Vor- bzw. Zwischenverfahren. Eine äquilibristische Verteidigung wird insbesondere in den Fällen der auf einen Freispruch gerichteten Verteidigung von diesem hier skizzierten Instrumentarium einen angemessenen Gebrauch zu machen haben.

286 Kleinknecht/Meyer-Goßner § 201 Rdn. 10.

5. Teil
Der Antrag auf Vornahme von Experimenten zur Vorbereitung der Hauptverhandlung

I. Vorwegnahme der Beweisaufnahme vor der Hauptverhandlung

Nachdem das Hauptverfahren eröffnet worden ist und die Anklage zugelassen wurde, findet eine Beweiserhebung grundsätzlich erst wieder im Rahmen der Hauptverhandlung statt. Von diesem Grundsatz muß es dann Ausnahmen geben, wenn die Beweisaufnahme zur Sicherung der Beweise vorweggenommen werden muß.[287] Maßstab für die Beurteilung dieser Beweisanträge ist § 244 Abs. 3-5 StPO in entsprechender Anwendung. In der Hauptverhandlung würde dieser Beweisantrag auch gemäß § 244 Abs. 3-5 StPO zu bescheiden sein. Dies kann nicht anders sein, wenn die Beweisaufnahme besonderer Eile bedarf, weil der Verlust der Beweise zu besorgen ist. Folglich richtet sich auch die Erhebung eines Experimentalbeweisantrages als vorweggenommene Beweisaufnahme vor der Hauptverhandlung nach § 244 Abs. 3-5 StPO in entsprechender Anwendung.

Über den Antrag hat der gesamte Spruchkörper zu entscheiden, § 244 Abs. 4 StPO analog.

II. Beweisanträge zur Vorbereitung der Hauptverhandlung gemäß § 219 StPO

Beweisanträge zur Vorbereitung der Hauptverhandlung gemäß § 219 StPO sind schriftlich oder zu Protokoll der Geschäftsstelle zu stellen.[288]

Zuständig für die Entscheidung über den Antrag ist allein der Vorsitzende. Gerichtsbeschlüsse sind unzulässig.[289]

Nach herrschender und zutreffender Auffassung gelten für den Beweisantrag zur Vorbereitung der Hauptverhandlung die Ablehnungsgründe des § 244 Abs. 3 StPO.[290]

Die Beweise sollen erst tatsächlich in der Hauptverhandlung erhoben werden. Dort ist aber § 244 Abs. 3 StPO ohnehin maßgebend. Dann muß ein zur Vorbereitung der Hauptverhandlung gestellter Beweisantrag sich auch nach § 244 Abs. 3 StPO richten.

---

287 Alsberg/Nüse/Meyer, S. 351.

288 Kleinknecht/Meyer-Goßner § 219 Rdn. 1.

289 Kleinknecht/Meyer-Goßner § 219 Rdn. 2.

290 OLG Köln MDR 1953, 376; Löwe/Rosenberg-Gollwitzer § 219 Rdn. 2, 11; Alsberg/Nüse/Meyer, S. 356; Nierwetberg Jura 1984, 630 (633); a.M.: Peters, S. 308.

Da demzufolge dem Angeklagten gemäß § 219 Abs. 1 StPO generell ein Beweiserhebungsanspruch zusteht, ist auch ein Experimentalbeweisantrag zur Vorbereitung der Hauptverhandlung gemäß § 219 StPO nach § 244 Abs. 3 StPO zu behandeln.

Die Einnahme eines Augenscheins richtet sich nicht nach § 219 StPO, sondern nach § 225 StPO.[291] Über diesen auf eine Augenscheinseinnahme gerichteten Beweisantrag hat das gesamte Gericht nach § 225 StPO zu entscheiden.[292] Bei jenem Antrag ist § 244 Abs. 5 StPO entsprechend anzuwenden.

III. Beweisanträge nach §§ 225 a Abs. 2, 270 Abs. 4 StPO

Gemäß § 6 StPO hat das Gericht in jeder Lage des Verfahrens von Amts wegen zu prüfen, ob es sachlich zuständig ist. Ergibt sich bei der Prüfung der Akten durch das damit befaßte Gericht, daß ein Gericht höherer Ordnung zuständig ist, so legt das damit befaßte Gericht die Akten durch Vermittlung der Staatsanwaltschaft diesem gemäß § 225 a Abs. 1 StPO vor.

Werden die Akten von einem Strafrichter oder einem Schöffengericht einem Gericht höherer Ordnung vorgelegt, so kann der Angeklagte innerhalb einer bei der Vorlage zu bestimmenden Frist die Vornahme einzelner Beweiserhebungen gemäß § 225 a Abs. 2 StPO beantragen. Der Sinn und Zweck der Regelung besteht in folgendem:

Häufig führt zu der Abgabe an ein höheres Gericht insbesondere ein neuer rechtlicher Gesichtspunkt oder ein in der Anklageschrift nicht besonders erwähntes, nach § 264 StPO aber zur Aburteilung stehendes Tatgeschehen, zu dem der Angeklagte sich noch nicht hat äußern und zu dessen tatsächlicher Beurteilung er noch keine Beweisanträge nach § 201 Abs. 1 StPO hat stellen können, weil er sich der Notwendigkeit dieser Verteidigungsmaßnahmen nicht bewußt war. Diesen Mangel seiner Verteidigungsmöglichkeiten will § 225 a Abs. 2 StPO heilen, indem dem Angeklagten nunmehr dieses Recht zum Beweisantrag eingeräumt wird.[293]

Über den Antrag entscheidet der Vorsitzende des Gerichts, dem die Sache vorgelegt worden ist, § 225 a Abs. 2 S. 2 StPO.

Dieselbe Ausgangslage ist gegeben, wenn bei laufender Hauptverhandlung das mit der Sache befaßte Gericht seine eigene Zuständigkeit gemäß § 6 StPO nicht mehr für gegeben erachtet. Auch hier wird an das zuständige höhere Gericht verwiesen. Auch in § 270 Abs. 4 StPO wird bestimmt, daß der Angeklagte in-

---

291 Löwe/Rosenberg-Gollwitzer § 219 Rdn. 4.

292 Löwe/Rosenberg-Gollwitzer § 219 Rdn. 4.

293 Kleinknecht/Meyer-Goßner § 225 a Rdn. 9; Alsberg/Nüse/Meyer, S. 365.

nerhalb einer bei der Bekanntmachung des Beschlusses zu bestimmenden Frist die Vornahme einzelner Beweiserhebungen vor Beginn der Hauptverhandlung des höheren Gerichts beantragen kann, wenn der Verweisungsbeschluß von einem Strafrichter oder einem Schöffengericht ergangen ist. Die Regelungen sind also auf die Anklagen zum Strafrichter und zum Schöffengericht beschränkt, mithin auf Sachen von ursprünglich geringerer Bedeutung. Der Gesetzgeber scheint davon auszugehen, daß der angeklagte Sachverhalt bei den genannten Gerichten unter den für die Verweisung an das höhere Gericht maßgebenden Gesichtspunkten noch nicht bereits voll und umfassend aufgeklärt ist.[294]

Zum Teil wird die Auffassung vertreten, die Beweiserhebung nach § 225 a Abs. 2 StPO beanspruche nicht, umfassender Natur zu sein, sie soll explizit nicht die Beweisaufnahme der durch die Eröffnung notwendig gewordenen Hauptverhandlung vorwegnehmen, sondern sie nur vorbereiten.[295] Nach einhelliger Auffassung hat daher der zur Bescheidung aufgerufene Vorsitzende des Gerichts über die beantragte Beweiserhebung nur nach pflichtgemäßem Ermessen zu urteilen.[296] Diese allgemeine Ansicht ist jedoch abzulehnen. Die Vorschrift will dem Angeklagten nämlich Gelegenheit geben, noch vor der Entscheidung über die Übernahme eine Beweisaufnahme durchzusetzen, um die vom vorliegenden Gericht angenommenen Abgabegründe zu entkräften und möglicherweise damit eine Übernahme durch das höherrangige Gericht zu verhindern.[297]

Das höherrangige Gericht ist regelmäßig nur dann zuständig, wenn ein höherer Strafrahmen zu erwarten ist. Folglich sind die Gerichte höherer Ordnung regelmäßig mit massiveren Straftaten befaßt, die regelmäßig auch massivere Strafen als bei den Amtsgerichten nachsichziehen. Nun kann man die Auffassung vertreten, der Angeklagte habe noch in der Hauptverhandlung genügend Zeit, die unzutreffende Abgabe dahingehend zu korrigieren, daß die schwereren Delikte nicht vorlägen, höchstens die einfachen Delikte. In jenem Falle steht aber regelmäßig ein Angeklagter vor einem Gericht höherer Ordnung, das entsprechend an höhere Strafrahmen gewöhnt ist – und insoweit eventuell einer gewissen „déformation professionelle“ unterliegt – schlechter da, als wenn sein Fall vor einem Gericht geringerer Ordnung behandelt worden wäre.

Wenn also der Gesetzgeber schon diese Möglichkeit des zusätzlichen Beweisantragsrechts einräumt, so muß der Beschuldigte insoweit auch generell einen echten Beweiserhebungsanspruch besitzen. Die Beweisanträge müssen sich allerdings in-

---

294 Löwe/Rosenberg-Gollwitzer § 225 a Rdn. 35.

295 Löwe/Rosenberg-Gollwitzer § 225 a Rdn. 43.

296 Löwe/Rosenberg-Gollwitzer § 225 a Rdn. 43; Kleinknecht/Meyer-Goßner § 225 a Rdn. 12; KK-Tolksdorf § 225 a Rdn. 22.

297 KK-Tolksdorf § 225 a Rdn. 20; a.A.: Alsberg/Nüse/Meyer, S. 366; Kleinknecht/Meyer-Goßner § 225 a Rdn. 9.

haltlich auf die von dem abgebenden Gericht angenommenen Abgabegründe beziehen. Ist dies der Fall, ist § 244 Abs. 3-5 StPO entsprechend anzuwenden.

Folglich hat der Angeklagte einen Anspruch auf Erhebung eines Experimentalbeweises insoweit, als dieser Experimentalbeweisantrag geeignet ist, die von dem vorlegenden Gericht angenommenen Abgabegründe zu entkräften. Der Katalog des § 244 Abs. 3-5 StPO ist entsprechend anzuwenden.

Entsprechendes gilt gemäß § 270 Abs. 4 StPO für den Experimentalbeweisantrag bei Verweisung nach Beginn der Hauptverhandlung.

Dritter Abschnitt
Einschränkungen des Experimentalbeweisantragsrechts

Der generelle Anspruch auf Erhebung von Experimentalbeweisen gewährt den Prozeßbeteiligten jedoch kein grenzenloses Recht. Hat der Experimentalbeweisantrag die Klippen der Versagungsgründe des § 244 Abs. 3-5 StPO passiert, so unterliegt er dennoch notwendigerweise spezifischen Einschränkungen.

Insbesondere der Experimentalbeweisantrag sinnt den Prozeßbeteiligten, wie zum Beispiel den Zeugen oder dem Angeklagten, besondere, über das gewöhnliche Maß hinausgehende Leistungen an. Um den (Gegen-)Beweis für bestimmte Fragen des Tatgeschehens anzutreten, verlangt der Experimentalbeweisantrag von den Zeugen bzw. Prozeßbeteiligten häufig besondere Anstrengungen.

Ob die genannten Beteiligten sich diesem Ansinnen widersetzen und dem Beweisbegehren erfolgreich widersprechen können, bedarf der genaueren Betrachtung:

Dabei sind insbesondere die Regelungen des § 81 StPO, die Unterbringung des Beschuldigten zur Beobachtung, § 68 a StPO, die Frage nach entehrenden Tatsachen und Vorstrafen, § 81 a StPO, die körperliche Untersuchung des Beschuldigten, die Regelung des § 81 c StPO, die Untersuchung anderer Personen als der Beschuldigte, Art. 1 GG, die Menschenwürde und die Grundrechte, die Regelung des § 52 StPO, das Zeugnisverweigerungsrecht aus persönlichen Gründen, die Regelung des § 55 StPO, das Auskunftsverweigerungsrecht, die Gegenüberstellung des § 58 Abs. 2 StPO, das allgemeine Fairneßprinzip des Strafverfahrens und die Funktionstüchtigkeit der Strafrechtspflege zu beachten und leitend.

Allgemein betrachtet stehen dabei regelungsübergreifend das Fairneßprinzip gegenüber den Beteiligten und die Funktionstüchtigkeit der Strafrechtspflege in einem Spannungsverhältnis. Wegen des fundamentalen Prinzips der Funktionstüchtigkeit der Strafrechtspflege läßt sich allgemein sagen, daß den Beteiligten generell eine sehr weitgehende Mitwirkungspflicht anzusinnen ist. Diese Mitwirkungspflicht wird allerdings durch die genannten Vorschriften sowie insbesondere durch den Kernbereich ihrer Grundrechte und Art. 1 GG, die Menschenwürde, unter besonderer Berücksichtigung des Verhältnismäßigkeitsgrundsatzes, begrenzt.

Es bedarf besonderer Betrachtung, wie sich die grundrechtlichen Schranken auf einfachgesetzlicher Ebene auswirken.

I. Die Unterbringung des Beschuldigten zur Beobachtung gemäß § 81 StPO

Das Gericht kann anordnen, daß der Beschuldigte in ein öffentliches psychiatrisches Krankenhaus gebracht und dort beobachtet wird, § 81 StPO. Die Regelung des § 81 StPO stellt eine gesetzliche Fixierung eines Experimentalbeweisantrages dar. Das im Prozeß zu verwendende Beweismittel ist die Anhörung des Sachverständigen. Für eine sachgemäße Beweiserhebung ist es aber notwendig, den Beschuldigten zu explorieren. Die Unterbringung und Beobachtung des Beschuldigten stellt eine gesetzlich geregelte Form des Versuchs dar.

a) Zum Teil wird davon ausgegangen, daß die Anstaltsunterbringung von den Prozeßbeteiligten nicht in Form eines Beweisantrages beantragt werden kann.[298]

Zur Begründung wird das schon vom allgemeinen Experimentalbeweisantrag bekannte Argument angeführt, der Antrag beziehe sich nicht auf den Umfang der Beweisaufnahme, sondern nur auf die Art und Weise der Begutachtung durch den Sachverständigen.[299] Es gilt folglich auch hier die schon oben angeführte Argumentation.

Insbesondere ist hier das Argument einschlägig, daß der Experimentalbeweisantrag des § 81 StPO zentrale Fragen der Straf- und Schuldfrage betrifft. Daher müssen die Tatbeteiligten darauf einen Anspruch besitzen. Richtigerweise wird man daher insbesondere bei § 81 StPO den Beteiligten im Falle des Versuchs einen Anspruch auf Beweiserhebung zubilligen müssen. Durch die Justitiabilität dieser Entscheidung werden damit für alle Beteiligten klare Verhältnisse geschaffen, und dieser Beweisantrag wird aus der Grauzone des gerichtlichen Ermessens befördert.[300]

Der Verhältnismäßigkeitsgrundsatz erfährt seine konkrete Ausprägung im Falle des § 81 StPO dadurch, daß das Gericht seine Entscheidung erst nach Anhörung eines Sachverständigen und des Verteidigers treffen kann, § 81 Abs. 1 StPO.

Zudem ist das Gericht nur dann berechtigt, die Anordnung zur Unterbringung des Beschuldigten zu treffen, wenn der Beschuldigte der Tat dringend verdächtig ist.

b) Ferner wird der allgemeine Verhältnismäßigkeitsgrundsatz auch noch einmal explizit in § 81 Abs. 2 StPO wiederholt:

> „Das Gericht darf Anordnungen dann nicht treffen, wenn sie zu der Bedeutung der Sache und der zu erwartenden Strafe oder Maßregel der Besserung und Sicherung außer Verhältnis stehen."

---

298 Kleinknecht/Meyer-Goßner § 81 Rdn. 3; Löwe/Rosenberg-Dahs § 81 Rdn. 6; Alsberg/Nüse/Meyer, S. 100.

299 Kleinknecht/Meyer-Goßner § 81 Rdn. 3.

300 BGH JR 1955, 472; Koblenz VRS 48, 182 (184); KK-Senge § 81 Rdn. 4; KMR-Paulus § 81 Rdn. 19.

Der Verhältnismäßigkeitsgrundsatz fordert also die Beachtung des Übermaßverbots.[301] Deshalb ist die Unterbringung in Bagatellstrafsachen[302] und in Privatklageverfahren[303] unzulässig.

Weiter darf gemäß § 81 Abs. 5 StPO die Unterbringung in einem psychiatrischen Krankenhaus nach § 81 Abs. 1 StPO die Dauer von insgesamt sechs Wochen in keinem Falle überschreiten.

c) Gegen einen stattgebenden Beschluß des Gerichts ist wegen der Schwere des Eingriffs die sofortige Beschwerde zulässig, die aufschiebende Wirkung gemäß § 81 Abs. 4 StPO hat.

Inhaltlich ist die Unterbringung gemäß § 81 StPO so ausgestaltet, daß der Beschuldigte nur festgehalten und beobachtet werden darf, ein Eindringen in seine Intimsphäre aber gegen seinen Willen unzulässig ist.[304] Weigert sich der Untergebrachte generell, an einer Exploration mitzuwirken, so muß die Unterbringung aufgehoben werden, wenn die Beobachtung allein keine Erfolgsaussicht bietet.[305]

II. Die körperliche Untersuchung des Beschuldigten gemäß § 81 a StPO

1. Eine körperliche Untersuchung des Beschuldigten darf nur dann angeordnet werden, wenn sie zur Feststellung von Tatsachen notwendig ist, die für das Verfahren von Bedeutung sind, § 81 a StPO. Gegen den Willen des Beschuldigten sind körperliche Eingriffe, wie etwa Blutentnahmen, die von einem Arzt nach den Regeln der ärztlichen Kunst zu Untersuchungszwecken vorgenommen werden, dann zulässig, wenn kein Nachteil für die Gesundheit des Beschuldigten zu befürchten ist, § 81 a Abs. 1 StPO.

Aus § 81 a Abs. 1 StPO ist damit ein allgemeiner Rechtsgedanke für den Versuch generell zu entnehmen:

Grundsätzlich läßt sich feststellen, daß ein Versuch unzulässig ist, wenn er medizinisch nicht zu verantworten ist.[306]

Gemäß § 81 a StPO muß der Beschuldigte generell dulden, daß sein Körper zum Objekt des Augenscheins gemacht wird. Damit wird in den Kernbereich seines durch Art. 2 Abs. 2 S. 1 GG geschützten Rechtes auf körperliche Unver-

---

301 BVerfGE 16, 194 (202).

302 Löwe/Rosenberg-Dahs § 81 Rdn. 12; Kleinknecht/Meyer-Goßner § 81 Rdn. 7; KK-Senge § 81 Rdn. 6.

303 Löwe/Rosenberg-Dahs § 81 Rdn. 12; Kleinknecht/Meyer-Goßner § 81 Rdn. 7.

304 Kühne NJW 1971, 224 (227).

305 OLG Celle StV 1985, 224; 91, 248; Kleinknecht/Meyer-Goßner § 81 Rdn. 20.

306 BGH NStZ 1982, 189; KK-Herdegen § 244 Rdn. 17.

sehrtheit eingegriffen. Dies muß der Beschuldigte generell dulden. Allerdings gebietet eine verfassungskonforme Auslegung des § 81 a StPO, bei der Anwendung der Vorschrift dem Verhältnismäßigkeitsgrundsatz stets besondere Beachtung zu schenken.[307]

2. Der Beschuldigte muß die Untersuchung nur *dulden*, zum aktiven Tun darf er nicht gezwungen werden.[308] Der Beschuldigte braucht keine Fragen zu beantworten.[309] Der Beschuldigte muß sich keiner Prüfung unterziehen, insbesondere das Pusten in ein Röhrchen zur Prüfung der Atemluft auf Alkohol ist nicht erzwingbar.[310] Er ist auch nicht verpflichtet, sich für die Untersuchung zu entkleiden[311] und muß auch nicht die erforderliche Körperhaltung einnehmen.[312] Dies ist ein Ausfluß des Nemo-tenetur-Grundsatzes, wonach niemand als Beweismittel gegen sich selbst auftreten muß. Allerdings darf das Gericht die Entkleidung anordnen und es darf auch zwangsweise die für die Untersuchung erforderliche Körperhaltung, erzwungen durch Bedienstete, durch das Gericht angeordnet werden.

3. Der Verhältnismäßigkeitsgrundsatz muß stets gewahrt sein. Deshalb ist eingehend zu prüfen und in den Akten zu vermerken, ob die Stärke des Tatverdachts und die Schwere der Straftat die im Rahmen des Experimentalbeweises durchzuführende Maßnahme rechtfertigt.[313] Röntgenaufnahmen wird man noch als zulässig ansehen können;[314] unzulässig dagegen ist stets zum Beispiel die Entnahme von Gehirn- und Rückenmarksflüssigkeit wegen der nicht auszuschließenden massiven Gesundheitsgefahr.[315]

Unzulässig ist auch die Rekonstruktion (zum Beispiel eines sexualbezogenen Vorgangs), wenn diese Rekonstruktion für den Angeklagten oder das Opfer unzumutbar ist.[316] Denn der Eingriff in das allgemeine Persönlichkeitsrecht des Betreffenden ist wegen der Sexualbezogenheit des Vorgangs derart massiv, daß dahinter das Interesse der Allgemeinheit an der Funktionstüchtigkeit der Straf-

---

307 BVerfGE 16, 194 (202).

308 BGHSt 34, 39 (46); OLG Hamm NJW 1974, 713.

309 Dahs/Wimmer NJW 1960, 2217 (2218).

310 BGH VRS 39, 184 (185).

311 Anders: LG Düsseldorf NJW 1973, 1930 (1931).

312 Anders: Löwe/Rosenberg-Dahs § 81 a Rdn. 17.

313 BVerfGE 16, 194 (202).

314 Löwe/Rosenberg-Dahs § 81 a Rdn. 48.

315 Ebenso: Schlüchter, S. 176; a.A. BVerfGE 16, 194 (201 f).

316 Vgl. insoweit die Regelung in § 81 c Abs. 4 StPO; BGH NJW 1961, 1486 (1487); RG JW 1931, 2820 Nr. 41 mit Anm. Alsberg.

rechtspflege und die Aufklärungspflicht gemäß § 244 Abs. 2 StPO zurücktreten. Die Rekonstruktion des Vorgangs unter Beteiligung verfahrensfremder Dritter, die insoweit ihre Einwilligung erteilt haben, ist zulässig und via Experimentalbeweisantrag auch erzwingbar, soweit nicht § 244 Abs. 3-5 StPO sperrt.

4. In verfahrenstechnischer Hinsicht ist die notwendige Folge, daß das Gericht den Experimentalbeweisantrag gemäß § 244 Abs. 3 S. 1 StPO wegen Unzulässigkeit abzulehnen hat. Der Zeuge kann die Mitwirkung an einer derartigen, ihm nicht zuzumutenden Rekonstruktion ablehnen. Will das Tatgericht trotz der Weigerung des Angeklagten oder des Zeugen den Experimentalbeweisantrag durchführen, muß dem Betroffenen dagegen das Rechtsmittel der Beschwerde gemäß § 304 StPO offenstehen. Zwar wird durch die Einlegung der Beschwerde der Vollzug der angefochtenen Entscheidung nicht gehemmt, § 307 Abs. 1 StPO. Jedoch wird im Regelfall ein weitschauender Vorsitzender gemäß § 307 StPO anordnen, daß die Vollziehung der angefochtenen Entscheidung auszusetzen ist, § 307 Abs. 2 StPO. Die Befugnis, diesen Suspensiveffekt herbeizuführen, steht auch dem Beschwerdegericht zu, § 307 Abs. 2 StPO.

Gegen noch nicht vollzogene richterliche Anordnungen ist also die Beschwerde gemäß § 304 Abs. 1 StPO zulässig.

Mit der Revision kann erfolgreich gerügt werden, daß ein unverwertbares Untersuchungsergebnis seinen Niederschlag im Urteil gefunden hat.[317]

III. Maßnahmen erkennungsdienstlicher Art, § 81 b StPO

1. § 81 b StPO ist die Befugnisnorm, die es dem Staat gestattet, Lichtbilder, Fingerabdrücke, Messungen u.ä. Maßnahmen dem Betroffenen gegen dessen Willen aufzuerlegen. Danach sind generell zwangsweise Veränderungen des Erscheinungsbildes des Beschuldigten für die Durchführung eines Experimentalbeweisantrages im Rahmen einer Wahlgegenüberstellung zulässig.[318] So ist die Veränderung der Haar- und Barttracht,[319] das Aufsetzen einer Perücke,[320] das Entfernen von Schminke[321] generell von dem Beschuldigten hinzunehmen. Hier ist allerdings hinsichtlich der Eingriffsnorm zu differenzieren:

Sind die Maßnahmen additiver Natur, wird also dem Erscheinungsbild etwas leicht Revisibles hinzugefügt (wie etwa eine Perücke), so ist die Eingriffsbefugnis des Staates § 81 b StPO zu entnehmen. Ist allerdings die Veränderung dauerhafterer

---

317 Löwe/Rosenberg-Dahs § 81 a Rdn. 81; Kleinknecht/Meyer-Goßner § 81 a Rdn. 34.

318 Kleinknecht/Meyer-Goßner § 81 b Rdn. 10.

319 BVerfGE 47, 239.

320 Kleinknecht/Meyer-Goßner § 81 b Rdn. 10.

321 Odenthal NStZ 1985, 433 (434), der allerdings § 81 a StPO als Befugnisnorm heranzieht.

Natur und entspricht damit einem körperlichen Eingriff, so ist § 81 a StPO einschlägig.[322] Soll der Täter angeblich einen Glatzenhaarschnitt getragen haben, wird man im Rahmen einer Wahlgegenüberstellung dem Beschuldigten abverlangen können, sich – wenn technisch nicht anders machbar – einem Glatzenhaarschnitt zu unterziehen. Die Eingriffsbefugnis des Staates ergibt sich aus § 81 a StPO. Hier wird man entsprechend der Notwendigkeit eines ausschließlich ärztlichen Eingriffs in § 81 a StPO entsprechend nur einen ausgebildeten Friseur zulassen.

2. Auch im Rahmen der §§ 81 a und 81 b StPO wird man das aus dem Rechtsstaatsprinzip fließende allgemeine Verhältnismäßigkeitsgebot hinreichend zu beachten haben. So ist das eben für § 81 b StPO genannte Beispiel eines Glatzenhaarschnitts für einige Monate nicht reversibel. Im Rahmen des § 81 b StPO sei hier das Absetzen einer Damenperücke in öffentlicher Hauptverhandlung als Beispiel eines unzulässigen Eingriffs in den Kernbestand des allgemeinen Persönlichkeitsrechts genannt.

Es erscheint unangemessen für ein nicht schwerwiegendes Delikt – wie beispielsweise einen Warenhausdiebstahl, ein leichtes Verkehrsdelikt ohne Folgeschaden oder eine Beleidigung geringen Ausmaßes – von dem Beschuldigten eine derartige Veränderung seines Körpers und seiner Persönlichkeit für mehrere Monate (Glatzenhaarschnitt) bzw. einen derart kompromittierenden und damit schwerwiegenden Eingriff (Absetzen einer Damenperücke) zu fordern.

Es muß auch hier das Verhältnismäßigkeitsprinzip für sämtliche staatliche Eingriffe obwalten. Daher gilt die Regel: Je schwerer das Delikt, desto eher und nachhaltiger darf durch den Staat in das Recht des Beschuldigten aus Art. 2 Abs. 2 in Verbindung mit 1 GG eingegriffen werden.

Im Rahmen eines Experimentalbeweises sind sexual bezogene Vorgänge, wenn sie herabsetzenden Charakters sind und gegen den Willen des Beschuldigten vorgenommen werden sollen, unzulässig, da Art. 1 in Verbindung mit Art. 2 Abs. 1 GG entgegensteht.

IV. Untersuchung anderer Personen als der Beschuldigte, § 81 c StPO

1. Gemäß § 81 c StPO dürfen andere Personen als der Beschuldigte dann, wenn sie als Zeugen in Betracht kommen, ohne ihre Einwilligung nur untersucht werden, soweit zur Erforschung der Wahrheit festgestellt werden muß, ob sich an ihrem Körper eine bestimmte Spur oder Folge einer Straftat befindet. Gemäß § 81 c Abs. 2 StPO sind bei anderen Personen als dem Beschuldigten Untersuchungen zur Feststellung der Abstammung und die Entnahme von Blut-

---

322 BVerfGE 47, 239, 245; a.A. Kleinknecht/Meyer-Goßner § 81b Rdn. 10.

proben ohne Einwilligung des zu Untersuchenden nur dann zulässig, wenn kein Nachteil für seine Gesundheit zu befürchten und die Maßnahme zur Erforschung der Wahrheit unerläßlich ist. Somit muß sichergestellt sein, daß kein Gesundheitsnachteil zu erwarten ist. Zudem ist der allgemeine Verhältnismäßigkeitsgrundsatz hier dahingehend konkretisiert, daß die Maßnahme zur Erforschung der Wahrheit unerläßlich sein muß.[323] Dabei stehen die Bedeutung der angeklagten Straftat einerseits und die Schwere des Eingriffs in das Persönlichkeitsrecht des Betroffenen andererseits in einem Spannungsverhältnis. Dabei läßt sich wiederum folgender Grundsatz aufstellen:

Je massiver die Straftat ist, desto eher hat ein geringer Eingriff des Betroffenen hinter dem Aufklärungsinteresse zurückzustehen, und vice versa.[324]

Die Untersuchungen und die Entnahme von Blutproben dürfen stets nur von einem Arzt vorgenommen werden, § 81 c Abs. 2 S. 2 StPO. Die Untersuchung findet zwar am Körper des Betroffenen statt, körperliche Eingriffe sind jedoch verboten.[325]

2. Die betroffenen potentiellen Zeugen haben die Pflicht, sich zur Untersuchung einzufinden, sich zu entkleiden und die jeweils erforderliche Körperhaltung einzunehmen.[326] Aufgrund der allgemeinen Zeugenpflicht besteht auch die Pflicht zur sonstigen aktiven Mitwirkung bei der Untersuchung.[327] Die insofern entgegengesetzte Regelung des § 81 a StPO, bei der körperlichen Untersuchung des Beschuldigten, hat seine Ursache dort in dem Nemo tenetur se ipsum accusare-Grundsatz. Anders liegt dies aber bei dem Zeugen. Der Zeuge hat eine Aussage- und Mitwirkungspflicht. Anderenfalls wäre die Funktionstüchtigkeit der Strafrechtspflege nicht gewährleistet. Der Eingriff in das Persönlichkeitsrecht des Zeugen ist generell als gering zu betrachten und muß daher generell hinter dem Interesse an der Sachaufklärung zurücktreten. Dies gilt selbst in Fällen, wie zum Beispiel bei Zeugen, die Opfer von schweren Sexualdelikten oder Gewaltdelikten, wie zum Beispiel Entführungen, geworden sind, also in Fällen, in denen die Mitwirkung an dem Strafverfahren für das Opfer bzw. den Zeugen eine erneute traumatisierende Wirkung zeitigen kann bzw. zeitigt. Das Gericht hat zwar insoweit allen Beteiligten gegenüber eine Fürsorgepflicht. Diese Fürsorgepflicht geht aber nicht so weit, inhaltlich zulässige Fragen – beispielsweise der Verteidigung – abwehren zu können. Im Interesse der Sachaufklärung müssen insoweit alle inhaltlich zulässigen Fragen gestellt werden dürfen, auch wenn damit schwerste seelische Belastungen des Zeugen verbunden sein sollten, da

---

[323] Kleinknecht/Meyer-Goßner § 81 c Rdn. 20.

[324] BGH MDR 1956, 527.

[325] Roxin, Strafverfahrensrecht, S. 250 Rdn. 23.

[326] Kleinknecht/Meyer-Goßner § 81 c Rdn. 16.

[327] AA.: KK-Senge § 81 c Rdn. 6; Kleinknecht/Meyer-Goßner § 81 c Rdn. 16.

gegen das Recht des Zeugen auf Freiheit von tiefgreifenden seelischen Belastungen aus Art. 2 Abs. 1 GG die Unschuldsvermutung des Beschuldigten und die Funktionstüchtigkeit der Strafrechtspflege streitet.

Dieser Grundsatz gilt auch für den Zeugen im Rahmen des Experimentalbeweises gemäß § 81 c StPO: Der Zeuge ist grundsätzlich verpflichtet, an Experimentalbeweisen mitzuwirken.

3. Auch hier hat das allgemeine Verhältnismäßigkeitsgebot seine Auswirkungen: Man wird den Verhältnismäßigkeitsgrundsatz dahingehend konkretisieren müssen, daß auch nach Ausschluß der Öffentlichkeit eine Inaugenscheinnahme der Person in der Hauptverhandlung, bezogen auf Genitalregionen bzw. sekundäre Geschlechtsmerkmale, wegen Art. 1 GG unzulässig ist. Insofern kommt regelmäßig allenfalls eine Untersuchung durch einen Sachverständigen, generell durch einen Arzt, in Betracht. Der Sachverständige ist dann als Beweismittel in der Hauptverhandlung zu laden und zu hören.

4. Im Rahmen des Experimentalbeweises ist daher alles, was den Bereich eines einfachen Versuchs sprengt und den Zeugen zum Gegenstand einer Untersuchung macht, daher nur dann zulässig, wenn der Zeuge einwilligt, bzw. wenn § 81 c StPO diesen Eingriff abdeckt.[328] Nach Ansicht der Rechtsprechung darf derjenige Zeuge, der eine Untersuchung verweigert, aber auf der Grundlage von Tatsachen beurteilt werden, bei denen eine Untersuchung nicht erforderlich ist.[329] Zutreffenderweise sollte man regelmäßig allerdings diese Umgehung für unzulässig halten. Das Gericht unterwirft den Zeugen einer Frage-Antwort-Exploration, die darauf ausgerichtet ist, die Weigerung des Zeugen zu umgehen und die vor allem aber auf professionelle Erkenntnisquellen und Methoden verzichten muß. Daher kann der Beweiswert einer derartigen Exploration regelmäßig nicht sehr hoch eingeschätzt werden.[330]

5. Das Gesetz bestimmt allerdings weitblickend in § 81 c Abs. 3 StPO, daß Untersuchungen oder Entnahmen von Blutproben aus den gleichen Gründen wie das Zeugnis verweigert werden können.

---

328 BGHSt 23, 1 (2) = NJW 1969, 1582; KK-Herdegen § 244 Rdn. 16.

329 BGHSt 23, 1 (2); BGH NStZ 1982, 432; 1991, 47 = StV 1991, 405 (406) mit Anmerkungen Blau.

330 Blau a.a.O., S. 407 f.

Zum Teil wird die Ansicht vertreten, die gesetzliche Regelung meine nur den § 52 StPO. Die §§ 53, 53 a, 54 und 55 StPO gäben dem Zeugen kein Untersuchungsverweigerungsrecht.[331]

Dem ist nicht zuzustimmen. Das Zeugnisverweigerungsrecht aus beruflichen Gründen gemäß §§ 53-54 StPO räumt den entsprechend professionell Tätigen eine Sphäre der Geheimhaltung ein, damit die Berufsträger angemessen ihrem Beruf nachgehen und nachkommen können. Dies ist erforderlich, damit die Personen, die sich an die Berufsträger wenden, entsprechend qualifizierte Hilfe erhalten können. Wäre hier eine Geheimnissphäre nicht gewährleistet, würden die Klienten, Patienten bzw. Mandanten sich nicht in zureichendem Maße an die beruflichen Gruppen wenden können. Hier muß jedoch ein zureichender Schutz des Individuums gewährleistet sein. Dies kann nicht dadurch ausgehöhlt werden, daß sprachliche Äußerungen der betroffenen Berufsgruppen zwar verweigert werden können, Untersuchungen aber zulässig sind. Damit würde der Zweck der §§ 53 ff. StPO torpediert. Bestimmte Kommunikationsräume müssen einem entsprechenden Informationsschutz unterliegen. Sonst wäre der Einzelne schutzlos dem Staat ausgeliefert. Der Einzelne ist darauf angewiesen, seine begrenzte Wissens- und Schaffenskraft durch geeignete Berufsgruppen erweitern zu können. Nur so kann er seine Aufgaben und Rollen, insbesondere gegenüber dem Staat, der sich jederzeit intellektuelle Kapazität durch Neueinstellungen bzw. Gutachten verschaffen kann, angemessen erfüllen. Anderenfalls wäre der Einzelne dem konzentrierten Fachwissen des Staates im Strafverfahren schutzlos ausgeliefert, wenn er damit rechnen müßte, daß die Innenverhältnisse mit den geschützten Berufsgruppen jederzeit offengelegt werden könnten.

Hier würde dieses Innenverhältnis ausgehöhlt. Die betroffenen Klienten würden sich aus Angst vor weitreichenden Nachteilen kaum noch der entsprechenden Hilfe der geschützten Berufsgruppen effektiv bedienen können. Somit wäre das Prinzip der „Waffengleichheit“[332] zwischen Ermittlungsbehörden und Verteidigung nicht mehr gewährleistet. Daher erstreckt sich auch im Rahmen des § 81 c StPO die Einschränkung auf die durch §§ 53 ff. StPO geschützten Berufsgruppen. Diese brauchen sich keiner Untersuchung zu unterziehen.

Ebenso verhält es sich mit § 55 StPO. Zwar erscheint auf den ersten Blick die folgende Argumentation sehr ansprechend: Es dürfe nicht gerechtfertigt sein, dem Betroffenen das Recht zuzugestehen, die Untersuchung mit der Begründung zu verweigern, er fürchte strafrechtliche Verfolgung aufgrund des Untersuchungsergebnisses, etwa bei gegenseitigen sadistischen Verletzungen. Mit einer so begründeten Weigerung würde er sich in der Praxis fast zwangsläufig in die Rolle eines Beschuldigten begeben, die Einleitung eines Ermittlungsverfah-

---

331 Kleinknecht/Meyer-Goßner § 81 c Rdn. 23; KK-Senge § 81 c Rdn. 10.

332 Kleinknecht/Meyer-Goßner Einl. Rdn. 88.

rens gegen sich veranlassen und die Anwendung des für ihn ungünstigeren § 81 a StPO heraufbeschwören. Da der Betroffene als Beschuldigter nach § 81 a StPO noch weitergehende Untersuchungen und Eingriffe zu dulden hat, habe es wenig Sinn, ihm als Zeugen über § 55 StPO ein Untersuchungsverweigerungsrecht wegen der Gefahr der Selbstbelastung einzuräumen.[333] Hier wird argumentiert, wenn das Gesetz dem Beschuldigten diese Selbstbelastung zumute, gäbe es keinen Grund, sie dem Zeugen nicht zuzumuten.[334]

Dem kann allerdings nicht gefolgt werden. Denn die Beschuldigten- und die Zeugenrolle sind von grundsätzlich anderer Natur. Das Gesetz knüpft an die Beschuldigteneigenschaft bestimmte Folgen; daher muß die Beschuldigteneigenschaft in den Akten vermerkt werden und dem Beschuldigten regelmäßig bekanntgegeben werden. An diese Beschuldigtenstellung knüpfen sich regelmäßig Aufklärungspflichten, insbesondere gemäß § 136 StPO.

Danach ist der Beschuldigte zu belehren, daß er auch schon vor seiner Vernehmung einen von ihm zu wählenden Verteidiger befragen kann. Diese Belehrung wird allerdings dem Zeugen, der sich auf § 55 StPO beruft, nicht zuteil. Es kann daher der Auffassung, der Zeuge müsse Untersuchungen im Rahmen eines Experimentalbeweisantrages ohne den Schutz des § 55 StPO über sich ergehen lassen – mit der Begründung, als Beschuldigter habe er weitergehende Duldungspflichten im Rahmen des § 81 a StPO, als es der Zeuge gemäß § 81 c StPO habe – nicht zugestimmt werden.

Denn der Strafprozeß ist ein förmliches Verfahren. Daher müßte, wenn ein Eingriff bzw. eine Untersuchung vorgenommen wird, dem Betroffenen bekanntgegeben werden, aufgrund welcher Befugnisnorm der Staat in die Persönlichkeitssphäre und die Persönlichkeitsrechte des Beteiligten eingreift. Nur daran kann er seine Weigerungs- und Rechtsschutzmöglichkeiten orientieren. Nur insoweit kann er auch anwaltlichen Rat erhalten. Daher muß bei einer Untersuchung eine Weigerung nach § 55 StPO möglich sein. Sollten daraufhin die Strafverfolgungsbehörden dem Zeugen die Rolle eines Beschuldigten zuweisen, so entsteht eine völlig geänderte prozessuale Situation. Darauf wird sich sowohl der Staat als auch der Beschuldigte einzustellen haben. Der Staat hat dann Aufklärungspflichten und der Beschuldigte das Informationsrecht, beispielsweise durch anwaltliche Hilfe.

Dieser Aufklärungsschutz würde dem sich auf § 55 StPO berufenden Zeugen genommen. Damit stünde ein an einem Experimentalbeweisantrag teilnehmender Zeuge schlechter als ein Zeuge, der in einer gängigen Vernehmung befragt wird. Dort würde auf die Weigerung des § 55 StPO möglicherweise ein Ermitt-

---

333 Löwe/Rosenberg-Dahs § 81 c Rdn. 39.

334 Löwe/Rosenberg-Dahs § 81 c Rdn. 39.

lungsverfahren gegen ihn eingeleitet. Dann müßte er allerdings insoweit über seine Rechte aus § 136 StPO belehrt werden.[335]

Der Zeuge darf hier im Rahmen eines Versuchs nicht schlechter stehen als bei einer herkömmlichen, lediglich verbalen Vernehmung seiner Person.

Die Gebote der Verfahrensfairneß und der Justizförmigkeit des Verfahrens erfordern es, daß der Beschuldigte hier zu keinem Zeitpunkt über seine Stellung entweder als Beschuldigter oder aber gegebenenfalls als Zeuge im Unklaren gelassen wird. Nur dann kann er über die Tragweite seiner Handlungen reflektieren und sein Verhalten entsprechend danach einrichten, zum Beispiel durch die Beauftragung eines Rechtsanwalts.

Wenn die Justizförmigkeit des Verfahrens gewahrt wird, das heißt unterschiedliche Rollen als Beschuldigter oder als Zeuge offengelegt werden gegenüber dem Betroffenen, kann der Staat darauf hoffen, daß der Beschuldigte das gegen ihn gerichtete Verfahren subjektiv emotional akzeptiert. Geschähe dies nicht, würde der Beschuldigte sich durch das Verfahren überrollt fühlen.

Dem Zeugen ist folglich im Rahmen eines Experimentalbeweisantrages entsprechend § 81 c StPO die Berufung auf § 55 StPO zuzugestehen.

V. Untersuchung einer Frau, § 81 d StPO

Kann die körperliche Untersuchung einer Frau das Schamgefühl verletzen, so darf sie nur durch eine Frau oder einen Arzt durchgeführt werden. Diese Vorschrift hat ausstrahlende Wirkung für übrige Fälle, die nicht die Eingriffsintensität einer körperlichen Untersuchung erreichen. Kann bei einem Experimentalbeweisantrag das Schamgefühl verletzt werden, so kann der Experimentalbeweisantrag unter Umständen dadurch noch zur Durchführung gebracht werden, daß der Experimentalbeweisantrag durch eine sachverständige Frau, einen Arzt oder aber auch durch eine beauftragte und ersuchte Richterin in Augenschein genommen wird. Hier kommt es auf den Einzelfall an. Es sind jeweils abzuwägen die Schwere der vorgeworfenen Tat gegen die Stärke des Eingriffs in das Persönlichkeitsrecht der Frau. Dabei wird aber regelmäßig sich die Waage im Zweifel zugunsten der Wahrheitserkundung neigen, denn insoweit hat sich auch regelmäßig ein Zeuge entsprechenden Fragen zu stellen. Gegebenenfalls ist insoweit nur die Öffentlichkeit auszuschließen bzw. gemäß § 68 a StPO die Frage nach entehrenden Tatsachen und Vorstrafen unzulässig. Der Ausschluß der Öffentlichkeit zum Schutze der Privatsphäre ergäbe sich dabei aus § 171 b GVG.

---

335 Gössel, S. 231 (§ 26 C I b 2); Krause JZ 1976, 124 (126); Eb. Schmidt JR 1959, 369 f.; offengelassen von BGHSt 5, 132 (134) = BGH NJW 1954, 323.

VI. Zeugnisverweigerungsrecht aus persönlichen Gründen, § 52 StPO

Allgemein kann der Zeuge die Teilnahme an Experimentalbeweisen insoweit ablehnen, als ihm das Zeugnisverweigerungsrecht des § 52 StPO für Angehörige oder sonstige nahestehende Personen zur Seite stünde. Befindet sich der staatliche Eingriff der Strafverfolgungsorgane bzw. des Gerichts unterhalb der Schwelle des § 81 c StPO, so wird man dennoch § 52 StPO analog anzuwenden haben. Für § 81 c StPO ist die Anwendung des § 52 StPO unmittelbar gesetzlich geregelt in § 81 c Abs. 3 S. 1 StPO. Wenn der Zeuge zur Verweigerung des Zeugnisses im Rahmen einer Befragung berechtigt ist, wenn er weiter zur Verweigerung der Untersuchung im Rahmen des § 81 c StPO wegen § 52 StPO berechtigt ist, so können Experimentalbeweisanträge, die keine Befragung darstellen, aber sich unterhalb der Eingriffsschwelle des § 81 c StPO befinden, nur entsprechend den vorgenannten Regelungen behandelt werden, da die Interessen des Zeugen in beiden Fällen gleichgelagert sind.

Demzufolge steht bei Experimentalbeweisanträgen dem Zeugen bei nahestehenden Personen und Angehörigen das Zeugnisverweigerungsrecht des § 52 StPO zur Seite. Daher muß der Zeuge an Experimentalbeweisanträgen, wenn der Beschuldigte zu ihm in einem nahen Verhältnis steht, nicht teilnehmen. Selbstverständlich kann der Zeuge dies tun, wenn er einwilligt. Der Grund für die Vorschrift des § 52 StPO ist die Rücksicht auf die Zwangslage des Zeugen, der zur Wahrheit generell verpflichtet ist, in diesem Falle aber befürchten muß, dadurch einem ihm nahestehenden Angehörigen erheblich zu schaden.[336]

Demgegenüber wird unzutreffend zum Teil eine Weigerungsberechtigung des Zeugen gemäß § 52 StPO jedenfalls im Rahmen des § 58 Abs. 2 StPO, der Gegenüberstellung, verneint.[337]

VII. Auskunftsverweigerungsrecht bei drohender Selbstbelastung, § 55 StPO

1. Auch bei Eingriffen in das Persönlichkeitsrecht des Zeugen, die unterhalb der Schwelle des § 81 c StPO liegen, steht dem Zeugen bei einem Versuch das Recht zu, seine Mitwirkung gemäß § 55 StPO in entsprechender Anwendung zu verweigern. Gemäß § 55 StPO kann ein Zeuge die Antwort auf solche Fragen verweigern, deren Beantwortung ihn selbst oder einen der in § 52 Abs. 1 StPO bezeichneten Angehörigen der Gefahr aussetzen würde, wegen einer Straftat verfolgt zu werden. Damit soll falschen Aussagen des Zeugen vorgebeugt wer-

336 BGHSt 22, 35 (36); KK-Senge § 52 Rdn. 1.

337 KMR-Paulus § 58 Rdn. 13.

den.[338] Zum anderen soll die Aussagefreiheit des Beschuldigten gemäß § 136 StPO und das Aussageverweigerungsrecht des Zeugen gemäß § 52 StPO dahin erweitert werden, daß der Zeuge bei einer Aussage weder sich selbst noch einen Angehörigen, der nicht Beschuldigter ist, belasten muß.[339] Zwar ist das Recht des Zeugen aus § 55 StPO nur ein Auskunftsverweigerungsrecht und kein Zeugnisverweigerungsrecht; das heißt, der Zeuge darf nur die Angaben auf einzelne Fragen verweigern, insgesamt dagegen darf der Zeuge generell die Aussage nicht verweigern. Dieses Regel-Ausnahme-Verhältnis kehrt sich zumeist in der Praxis jedoch um. Da der gesamte Inhalt der Aussage regelmäßig die Voraussetzungen des § 55 Abs. 1 StPO erfüllt, erstarkt das Auskunftsverweigerungsrecht praktisch zum Recht, die Aussage in vollem Umfange zu verweigern, also zu einem Zeugnisverweigerungsrecht.[340]

2. Daher hat ein Zeuge das Recht, die Mitwirkung an einem Experimentalbeweisantrag zu verweigern, wenn diese Mitwirkung ihm selbst oder einem der in § 52 Abs. 1 StPO bezeichneten Angehörigen die Gefahr zuziehen würde, wegen einer Straftat oder eine Ordnungswidrigkeit verfolgt zu werden. Bei Eingriffen in das Persönlichkeitsrecht des Zeugen unterhalb der Schwelle des § 81 c StPO ist § 55 StPO analog anzuwenden, und insoweit ist auch in analoger Anwendung von § 55 Abs. 2 StPO der Zeuge über sein Recht zur Verweigerung der Mitwirkung am Experimentalbeweisantrag in den Fällen potentieller Selbstbelastung zu belehren.

Zwar ist der Auffassung zuzustimmen, daß der Beschuldigte im Rahmen des § 81a StPO weitergehende Eingriffsmaßnahmen des Staates gegen sich hinnehmen muß. Dennoch ist aufgrund der Justizförmigkeit des Verfahrens der hier beschriebene Weg notwendigerweise einzuhalten. Nachdem dem bisherigen Zeugen aufgrund seiner Weigerung gemäß § 55 StPO durch die Strafverfolgungsorgane die Rolle eines Beschuldigten – intern wie regelmäßig auch extern – zugewiesen wurde, können dann im Rahmen des § 81 a StPO die zulässigen Maßnahmen ergriffen werden. Aus Gründen der Verfahrensfairneß ist dem Beschuldigten gegenüber aber dieser Weg einzuhalten. Anderenfalls wäre das Verfahren für den nach § 55 StPO berechtigten Zeugen nicht mehr transparent.

---

338 OLG Frankfurt NJW 1951, 614; Fezer JuS 78, 325 (327); Roxin, Strafverfahrensrecht, S. 168 Rdn. 26; Eberhard Schmidt JZ 58, 596 (599); a.A.: OLG Düsseldorf NStZ 82, 257 = StV 1982, 344 mit Anmerkung Prittwitz; Löwe/Rosenberg-Dahs § 55 Rdn. 1.

339 BVerfGE 38, 105 (113) = BVerfG NJW 1975, 103; NStZ 1985, 277; BGHSt 11, 213 (216).

340 BGH StV 1987, 328; Löwe/Rosenberg-Dahs § 55 Rdn. 4; Alsberg/Nüse/Meyer, S. 450 m.w.N.

3. Hat der zur Auskunftsverweigerung berechtigte Zeuge defintiv erklärt, daß er die Auskunft gemäß § 55 StPO verweigern wird, steht also die Auskunftsverweigerung nicht als bloß theoretische Möglichkeit im Raum, so ist ein Experimentalbeweisantrag nach § 244 Abs. 3 S. 1 StPO bzw. § 245 Abs. 2 S. 2 StPO als unzulässig abzulehnen.[341] Die hier skizzierte Regelung hat sich an dem Nemo-tenetur-Grundsatz zu orientieren. Daher besteht auch im Rahmen eines Experimentalbeweisantrages nicht die Pflicht eines Zeugen, zu seiner eigenen Belastung beizutragen.

Resümierend läßt sich feststellen, daß entsprechend der Regelung in § 81 c Abs. 3 StPO die Mitwirkung an Versuchen aus den gleichen Gründen verweigert werden kann wie das Zeugnis. Demnach ist der Mitwirkungspflichtige im Falle der §§ 52, 53, 53a, 54 und 55 StPO berechtigt, seine Mitwirkung an dem Experiment zu versagen

VIII. Die Menschenwürde und die Grundrechte als beschränkende Institute

1. Auch und insbesondere sind die Menschenwürde und sonstige Persönlichkeitsrechte des Beschuldigten sowie verfahrensbeteiligter Dritter zu wahren. Die in Art. 1 Abs. 1 GG fixierte Menschenwürde verbietet es, den Menschen zum bloßen Objekt eines staatlichen Verfahrens herabzuwürdigen und setzt daher einen Mindestbestand an aktiven verfahrensrechtlichen Befugnissen des Angeklagten sowie der übrigen Verfahrensbeteiligten, wie zum Beispiel Zeugen, voraus.[342] Aus der Würde des Menschen als eigenverantwortlich handelnde Person leitet sich das Prinzip ab, daß keine Strafe ohne Schuld verhängt werden darf.[343] Das entscheidende Ziel des Strafprozesses ist daher die Ermittlung des tatsächlichen Lebenssachverhalts. Nur so kann das Schuldprinzip sinnvoll in gerichtlicher Praxis ausgestaltet werden.[344] Der Anspruch des Angeklagten auf ein faires Verfahren kann deshalb auch durch verfahrensrechtliche Abläufe beeinflußt sein, die der Ermittlung der Wahrheit und somit einem gerechten Urteil entgegenstehen.[345]

Diesem Recht des Angeklagten aus Art. 1 Abs. 1 GG auf Ermittlung des wahren Sachverhalts steht im Fall des Experimentalbeweisantrages in bestimmten Fallkonstellationen das Recht des Zeugen aus Art. 1 GG bzw. aus Art. 2 Abs. 1 in Verbindung mit Art. 1 GG (allgemeines Persönlichkeitsrecht) gegenüber. Diese beiden Rechte stehen in einem Spannungsverhältnis, welches bei einem Experimentalbeweisantrag im Wege der praktischen Konkordanz in jedem Einzelfall differenziert

---

341 Kleinknecht/Meyer-Goßner § 55 Rdn. 12; a.A.: BGH NStZ 1986, 181: Fall des § 244 Abs. 3, S. 2, sog.. „Ungeeignetheit des Beweismittels".

342 BVerfGE 57, 250 (275).

343 BVerfGE 57, 250 (275).

344 BVerfGE 57, 250 (275).

345 BVerfGE 57, 250 (275).

zu betrachten ist und zur Auflösung gebracht werden muß. So wird jeder Experimentalbeweisantrag latent durch Art. 1 GG beschränkt. Sowohl die Eingriffsbefugnisse des Staates gemäß § 81 bis 81 c StPO als auch diejenigen Eingriffe, die unterhalb dieser Schwelle liegen, müssen mit der Würde der übrigen Verfahrensbeteiligten, Art. 1 GG, im Einklang stehen. So schwebt die Regelung des Art. 1 GG in doppelter Funktion latent über jedem Experimentalbeweisantrag:

Zum einen ist das Recht des Beschuldigten auf umfassende und nachhaltige Sachaufklärung zu beachten. Dieses Recht wird allerdings beschränkt durch die Menschenwürde und das allgemeine Persönlichkeitsrecht der übrigen Verfahrensbeteiligten, insbesondere der Zeugen, aus Art. 1 Abs. 1 und Art. 2 GG.

2. Müßte sich der Zeuge oder der Sachverständige durch den Experimentalbeweisantrag einer Gesundheitsgefährdung aussetzen, ist seine Mitwirkung bei dem Experimentalbeweisantrag nicht zu verlangen wegen seines vorrangigen Grundrechts aus Art. 2 Abs. 2 S. 2 GG.

3. Bei schwerwiegenden sexual bezogenen Vorgängen, die dem Zeugen im Rahmen eines Experimentalbeweisantrages angesonnen werden, überwiegt generell das Recht des Zeugen aus Art. 1 GG gegenüber dem Recht auf umfassende Sachaufklärung.[346] Der Zeuge kann sich der Mitwirkung bei solchen Vorgängen verweigern. Bei Zustimmung aller Verfahrensbeteiligten kann gemäß dem Grundsatz volenti non fit iniuria allerdings der Experimentalbeweisantrag durchgeführt werden.

4. Zwar ist dem Axiom zuzustimmen, daß Persönlichkeitsrechte Dritter gegenüber der gebotenen Wahrheitsermittlung im Strafverfahren regelmäßig als nachrangig zu betrachten sind.[347] Dennoch ist auch hier das aus Art. 20 GG herrührende Verhältnismäßigkeitsgebot zu beachten:

Je schwerer die zu verfolgende Straftat wiegt, desto eher haben die Persönlichkeitsrechte Dritter zurückzustehen. Daher sind also insbesondere bei Bagatelldelikten schwere Eingriffe ausgeschlossen.

Daher ist auch hier die Regelung des § 81 Abs. 2 StPO leitend: Die in § 81 Abs. 2 StPO gesetzlich fixierte Regelung wiederholt den aus dem Rechtsstaatsprinzip fließenden allgemeinen Verhältnismäßigkeitsgrundsatz für die Fälle des Versuchs:

---

346 BGH NJW 1961, 1486 f.

347 BVerfGE 63, 45 (72 f.).

„Das Gericht darf Anordnungen dann nicht treffen, wenn sie zu der Bedeutung der Sache und der zu erwartenden Strafe oder Maßregel der Besserung und Sicherung außer Verhältnis stehen."

5. Zwar unterliegen Entscheidungen der erkennenden Gerichte, die der Urteilsfindung vorausgehen, grundsätzlich nicht der Beschwerde, § 305 StPO. Dies ist jedoch dann anders, wenn eine Entscheidung nur oder auch prozessuale Bedeutung in anderer Richtung entfaltet. Wegen dieser selbständigen Bedeutung ist sie dann anfechtbar.[348]

Zudem läßt sich diese Möglichkeit zur Beschwerde auch mit einem Analogieschluß zu § 81 Abs. 4 StPO begründen.

Daher ist der Experimentalbeweisantrag aus der Sicht des zur Beteiligung am Versuch gezwungenen Zeugen beschwerdefähig.

---

348 Kleinknecht/Meyer-Goßner § 305 Rdn. 5.

Vierter Abschnitt
Die formelle Behandlung des Experimentalbeweisantrages

1. Teil
Subjekte des Experimentalbeweisantragsrechts

Fraglich ist, welche Prozeßbeteiligten das Recht haben, einen Experimentalbeweisantrag zu stellen.

I. Staatsanwaltschaft

Die Staatsanwaltschaft ist berechtigt zur Stellung von Beweisanträgen.[349] Diese Anträge können sowohl der Be- als auch der Entlastung des Angeklagten dienen oder auch lediglich zum Zwecke der sonstigen Sachaufklärung gestellt werden.[350] Da dem Experimentalbeweisantrag die Qualität eines echten Beweisantrages gemäß § 244 Abs. 3-5 StPO zukommt, ist die Staatsanwaltschaft berechtigt, Experimentalbeweisanträge zu stellen.

II. Strafverteidiger

Es ist anerkannt, daß der Strafverteidiger ein selbständiges, vom Willen des Angeklagten unabhängiges Recht hat, Anträge zum Beweis von Tatsachen zu stellen.[351] Dabei brauchen sich die Beweisbehauptungen des Strafverteidigers nicht mit dem Vorbringen des Angeklagten zu decken. Vielmehr kann er sein Antragsrecht sogar gegen den Widerspruch des Angeklagten durchsetzen.[352] Allerdings kann der Strafverteidiger Beweisanträge nur zum Beweis solcher Tatsachen stellen, deren Aufklärung er im Interesse des Angeklagten für erforderlich hält, so daß es ihm nicht möglich ist, einen Belastungsbeweis zu beantragen.[353]

---

349 Alsberg/Nüse/Meyer, S. 373; Löwe/Rosenberg-Gollwitzer § 244 Rdn. 96; Kleinknecht/Meyer-Goßner § 244 Rdn. 30; KK-Herdegen § 244 Rdn. 51.

350 Alsberg/Nüse/Meyer, S. 373; Kleinknecht/Meyer-Goßner § 244 Rdn. 30; BGH NJW 1952, 273 (274).

351 BGH NJW 1953, 1314; Kleinknecht/Meyer-Goßner § 244 Rdn. 30 m.w.N; Löwe/Rosenberg-Gollwitzer § 244 Rdn. 96; KK-Herdegen § 244 Rdn. 51.

352 BGH NJW 1966, 2174 (2176); Alsberg/Nüse/Meyer, S. 377 m.w.N; KK-Herdegen § 244 Rdn. 51 m.w.N; a.A.: Gerland, S. 151.

353 Alsberg/Nüse/Meyer, S. 377 m.w.N.; BGH NJW 1953, 1314.

Diese besondere Ausprägung der Position des Verteidigers dient einer möglichst umfassenden Strafverteidigung. Dafür ist das Beweisantragsrecht das zentrale Mittel. Daher muß diese Regelung auch für das Experimentalbeweisantragsrecht gelten, da der Experimentalbeweisantrag, wie oben gezeigt, ein echter Beweisantrag ist. Somit steht das Recht auf Experimentalbeweisantrag auch dem Strafverteidiger zu.

III. Angeklagter

Der Angeklagte hat ebenfalls ein eigenes Beweisantragsrecht, aufgrund dessen er Beweisanträge ohne das Einverständnis und auch gegen den Willen seines Strafverteidigers zu stellen befugt ist.[354] Die Beweistatsachen müssen dabei nicht mit den bisherigen Einlassungen des Angeklagten übereinstimmen[355]; notwendig ist lediglich, daß es sich um einen entlastenden Beweisantrag handelt.[356]

Der Angeklagte hat auch im Falle seiner Geschäftsunfähigkeit das Beweisantragsrecht.[357] Im Jugendstrafverfahren ist auch der jugendliche Angeklagte, im Sicherungsverfahren nach § 413 StPO der nicht schuldfähige Beschuldigte antragsberechtigt.[358]

Der Experimentalbeweisantrag wurde bereits als echter Beweisantrag qualifiziert. Die Möglichkeit des Angeklagten zur Einflußnahme auf die Beweisaufnahme ist diesem für eine Entlastung besonders wichtig.

So kann es möglich sein, daß es gerade ihm mit seinen gegebenenfalls speziellen Kenntnissen der Tatsituation und der Umstände – nötigenfalls gegen den Willen seines Verteidigers – möglich ist, durch einen darauf zugeschnittenen Experimentalbeweisantrag zu seiner Entlastung beizutragen.

Somit steht mit dem generellen Beweisantragsrecht dem Angeklagten auch das Experimentalbeweisantragsrecht zu.

---

354 Alsberg/Nüse/Meyer, S. 375; Kleinknecht/Meyer-Goßner § 244 Rdn. 30; KK-Herdegen § 244 Rdn. 51; Löwe/Rosenberg-Gollwitzer § 244 Rdn. 96.

355 BGH MDR 1977, 461; KK-Herdegen § 244 Rdn. 51; Kleinknecht/Meyer-Goßner § 244 Rdn. 30; Alsberg/Nüse/Meyer, S. 375.

356 Alsberg/Nüse/Meyer, S. 375.

357 Alsberg/Nüse/Meyer, S. 375; Kleinknecht/Meyer-Goßner § 244 Rdn. 30; Löwe/Rosenberg-Gollwitzer § 244 Rdn. 96.

358 Alsberg/Nüse/Meyer, S. 375 m.w.N.

IV. Nebenkläger

Nach § 397 Abs. 1 S. 3 StPO hat auch der Nebenkläger ein selbständiges Beweisantragsrecht gemäß § 244 Abs. 3-5 StPO,[359] das grundsätzlich auf den Tatkomplex der zur Nebenklage berechtigenden Straftat begrenzt ist.[360] Im Falle der Tatmehrheit ist das Beweisantragsrecht auf das Nebenklagedelikt beschränkt.[361] Darüber hinaus kann der Nebenkläger sein Antragsrecht, da § 160 Abs. 2 StPO für ihn nicht gilt, nicht ausschließlich zugunsten des Angeklagten ausüben.[362] Nach zutreffender Ansicht ergibt sich aus der Stellung des Nebenklägers als Prozeßbeteiligter auch das Recht auf unmittelbare Ladung von Beweispersonen, § 220 StPO.[363]

Auch für den Nebenkläger gilt, daß keine Gründe ersichtlich sind, für das Antragsrecht auf Experimentalbeweis von dieser Regelung abzuweichen. Er ist zwar lediglich Zusatzbeteiligter am Strafverfahren und hat daher keine dem Privatkläger, der in seinen Rechten dem Staatsanwalt gleichgestellt ist, ähnliche Stellung, und er ist auch kein dem Staatsanwalt beigeordneter Mitkläger, sondern er übt seine Rechte völlig unabhängig von dem Staatsanwalt aus.[364] Doch ist es Ziel des Opferschutzgesetzes vom 18. Dezember 1986, dem Verletzten eine umfassende Beteiligungsbefugnis zu verschaffen.[365] Diese umfaßt insbesondere das Recht, auf die Beweisaufnahme Einfluß zu nehmen, um auf eine sachgerechte Ausübung der Aufklärungspflicht des Gerichts hinzuwirken.[366] Es würde daher das Opferschutzgesetz konterkarieren, wenn die intendierte gesicherte Schutzposition des Verletzten durch Vorenthalten des Antragsrechts auf Experimentalbeweis geschwächt werden würde.

Daher steht auch dem Nebenkläger das Experimentalbeweisantragsrecht zu.

---

359 BGHSt 28, 272 (274); Alsberg/Nüse/Meyer, S. 374; KK-Senge § 397 Rdn. 5; KK-Herdegen § 244 Rdn. 51; Kleinknecht/Meyer-Goßner § 397 Rdn. 10; krit.: Weigend NJW 1987, 1170 (1175 m.w.N. in Fußnote 72).

360 Alsberg/Nüse/Meyer, S. 374 f.; KK-Herdegen § 244 Rdn. 51; Kleinknecht/Meyer-Goßner § 397 Rdn. 10.

361 Kleinknecht/Meyer-Goßner § 397 Rdn. 10.

362 Alsberg/Nüse/Meyer, S. 374.

363 Kleinknecht/Meyer-Goßner § 397 Rdn. 10; KK-Senge § 397 Rdn. 6; a.A.: KMR-Fezer § 397 Rdn. 11; Beulke DAR 1988, 114 (118); Löwe/Rosenberg-Hilger § 397 Rdn. 5.

364 Kleinknecht/Meyer-Goßner vor § 395 Rdn. 1.

365 Kleinknecht/Meyer-Goßner § 395 Rdn. 1.

366 KK-Senge § 397 Rdn. 6.

V. Weitere Antragsberechtigte

1. Grundsätzlich antragsberechtigt ist des weiteren der Privatkläger,[367] für den jedoch § 384 Abs. 3 StPO zu beachten ist. Seine Anträge sind daher lediglich Anregungen, denen das Gericht nur entsprechen muß, wenn dies zur weiteren Aufklärung des Sachverhalts nach § 244 Abs. 2 StPO erforderlich erscheint.[368]

2. Weiterhin antragsberechtigt sind der Antragsteller im Anhangsverfahren nach §§ 403 ff. StPO, soweit seine vermögensrechtlichen Ansprüche betroffen sind,[369] und der nach §§ 433 Abs. 1 S. 1, 440 Abs. 3, 424, 444 Abs. 2 S. 2 StPO Nebenbeteiligte, dessen Beweisantragsrecht nach § 436 Abs. 2 StPO eingeschränkt wird.[370] Darüber hinaus sind der nach § 69 Abs. 1 JGG bestellte Beistand,[371] der Erziehungsberechtigte, sowie der gesetzliche Vertreter[372] eines jugendlichen Angeklagten (§ 76 Abs. 1 JGG) zur Stellung von Beweisanträgen berechtigt.

Darüber hinaus ergibt sich für einige der genannten Prozeßbeteiligten auch aus Verweisen auf die Rechte anderer Prozeßbeteiligter, deren Antragsberechtigung für den Experimentalbeweis bereits festgestellt wurde, daß ihnen das Experimentalbeweisantragsrecht zustehen muß. So verweisen die § 433 Abs. 1 S. 1 StPO; §§ 69 Abs. 3 und 67 Abs. 1 JGG die betroffenen, hier behandelten Prozeßbeteiligten allesamt auf solche Prozeßbeteiligte, deren Antragsbefugnis zum Experimentalbeweis bereits oben festgestellt wurde.

Somit steht auch den hier genannten Prozeßbeteiligten das Recht zu, Experimentalbeweisanträge zu stellen.

---

367 Kleinknecht/Meyer-Goßner § 244 Rdn. 30; Alsberg/Nüse/Meyer, S. 373 f.; KK-Herdegen § 244 Rdn. 51.

368 Kleinknecht/Meyer-Goßner § 384 Rdn. 14; Alsberg/Nüse/Meyer, S. 374; vgl. BGHSt 12, 333 (335) für das Bußgeldverfahren.

369 BGH NJW 1956, 1767; Kleinknecht/Meyer-Goßner § 244 Rdn. 30; KK-Herdegen § 244 Rdn. 51; Löwe/Rosenberg-Gollwitzer § 244 Rdn. 96; Alsberg/Nüse/Meyer, S. 375.

370 KK-Herdegen § 244 Rdn. 51; Kleinknecht/Meyer-Goßner § 244 Rdn. 30; Alsberg/Nüse/Meyer, S. 376.

371 Kleinknecht/Meyer-Goßner § 244 Rdn. 30; KK-Herdegen § 244 Rdn. 51; Löwe/Rosenberg-Gollwitzer § 244 Rdn. 96.

372 Kleinknecht/Meyer-Goßner § 244 Rdn. 30; KK-Herdegen § 244 Rdn. 51; Löwe/Rosenberg-Gollwitzer § 244 Rdn. 96.

2. Teil
Bescheidung des Experimentalbeweisantrages

I. Bescheidung durch den Vorsitzenden

1. Anordnung

Die Anordnung der Beweisaufnahme aufgrund eines Beweisantrages ist gemäß §§ 238 Abs. 1, 221 StPO Sache des Vorsitzenden, sofern nicht eine Aussetzung oder Unterbrechung der Verhandlung erforderlich ist (§ 228 Abs. 1 S. 1 StPO).[373] Daraus folgt, daß auch die positive Bescheidung eines Beweisantrages durch den Vorsitzenden erfolgen kann (argumentum maiore ad minorem).

Somit ergibt sich auch ohne Bezugnahme auf die oben dargestellte Auseinandersetzung hinsichtlich der Qualifizierung des Experimentalbeweisantrages, daß die Anordnung eines Experimentalbeweises aufgrund eines Experimentalbeweisantrages zu den Zuständigkeiten des Vorsitzenden zählt.

2. Ablehnung

Fraglich ist, ob es auch für die Ablehnung eines Experimentalbeweisantrages ausreichend ist, wenn der Antrag allein vom Vorsitzenden beschieden wird.

Für die Ablehnung eines Beweisantrages bedarf es gemäß § 244 Abs. 6 StPO eines Gerichtsbeschlusses, so daß die Bescheidung durch den Vorsitzenden allein nicht ausreichend ist.

Im Vorstehenden wurde dargelegt, daß der Experimentalbeweisantrag ein echter Beweisantrag gemäß § 244 Abs. 3-5 StPO ist. Es muß darauf abgestellt werden, wie die Regelung für den Beweisantrag lautet. Indem für diesen ein Bescheid durch den Vorsitzenden nicht ausreicht, gilt dies auch für den Experimentalbeweisantrag.

Diese Regelung ist auch sachgerecht: Der Versuch ist nicht selten von prozeßentscheidender Bedeutung. Daher wäre eine Bescheidung allein durch den Vorsitzenden nicht angemessen.

II. Bescheidung durch den gesamten Spruchkörper

Wie oben dargestellt, ist die Anordnung einer Beweisaufnahme aufgrund eines Beweisantrages grundsätzlich Sache des Vorsitzenden, §§ 238 Abs. 1, 221 StPO.

---

[373] KK-Herdegen § 244 Rdn. 57; Löwe/Rosenberg-Gollwitzer § 244 Rdn. 141; Kleinknecht/Meyer-Goßner § 244 Rdn. 40.

Demgegenüber bedarf es für die Ablehnung eines Beweisantrages gemäß § 244 Abs. 6 StPO eines Gerichtsbeschlusses, der mit den Gründen bekannt zu machen, §§ 34, 35 Abs. 1 StPO, und in das Hauptverhandlungsprotokoll aufzunehmen ist.[374] Von dieser zwingenden Vorschrift kann nicht abgewichen werden.[375] Somit bedarf auch die Ablehnung eines Experimentalbeweisantrages der Bescheidung durch den gesamten Spruchkörper.

374 Alsberg/Nüse/Meyer, S. 755 ff., 766 m.w.N; KK-Herdegen § 244 Rdn. 58; Löwe/Rosenberg-Gollwitzer § 244 Rdn. 142, 144.

375 Alsberg/Nüse/Meyer, S. 754 m.w.N; KK-Herdegen § 244 Rdn. 58.

3. Teil
Experimentalbeweisantrag und Hauptverhandlungsprotokoll

Gemäß § 273 StPO muß das Protokoll den Gang und die Ergebnisse der Hauptverhandlung im wesentlichen wiedergeben und die Beobachtung aller wesentlichen Förmlichkeiten ersichtlich machen, so wie die im Laufe der Verhandlung gestellten Anträge, die ergangene Entscheidung und die Urteilsformel enthalten. Daher muß ein Beweisantrag mündlich gestellt und im Protokoll verzeichnet werden, daß und von wem und mit welchem Inhalt ein Beweisantrag gestellt worden ist.[376] Regelmäßig wird dies derart geschehen, daß das Protokoll lautet:

> Der Verteidiger des Angeklagten X, RA Y, stellt den als Anlage 001 zum Protokoll genommenen Beweisantrag.

Sodann ergeht im Laufe der Hauptverhandlung ein entsprechender Beschluß, der gemäß § 273 Abs. 1 StPO wiederum als Anlage zu Protokoll genommen wird, und zudem wird im Protokoll die Bescheidung in Form eines Beschlusses erwähnt. Regelmäßig geschieht dies in folgender Form:

> Das Gericht verkündet den als Anlage 002 zum Protokoll genommenen Beschluß.

Da es sich beim Experimentalbeweisantrag um einen echten Beweisantrag handelt, ist also auch der Experimentalbeweisantrag im Hauptverhandlungsprotokoll zu beurkunden.

Dies bedeutet, wenn einer der Verfahrensbeteiligten einen Experimentalbeweisantrag stellt, so ist dies entsprechend im Hauptverhandlungsprotokoll zu vermerken. Die Bescheidung des Experimentalbeweisantrages erfolgt durch Gerichtsbeschluß. Dieser Gerichtsbeschluß ist wiederum im Hauptverhandlungsprotokoll gemäß § 273 Abs. 1 StPO zu fixieren.

Der Experimentalbeweisantrag stellt einen echten Beweisantrag dar und muß daher im Hauptverhandlungsprotokoll beurkundet werden, wenn er gestellt wird, und auch die Bescheidung muß beurkundet werden.

Hätte man den Experimentalbeweisantrag im Hauptverfahren als bloßen Beweisermittlungsantrag qualifiziert, so wäre auch dieser Beweisermittlungsantrag in das Sitzungsprotokoll aufzunehmen.[377] Die Ablehnung des Beweisermittlungsantrages würde dann aber keinen Gerichtsbeschluß erfordern.[378]

Auch hier zeigt sich, daß die oben vorgenommene Qualifizierung sachgemäße Ergebnisse zeitigt. Häufig sind gerade Experimentalbeweisanträge speziell aus

---

376 Kleinknecht/Meyer-Goßner § 244 Rdn. 36.

377 Kleinknecht/Meyer-Goßner § 244 Rdn. 27.

378 BGH NStZ 1982, 296 (297).

der Sicht der Beteiligten von verfahrensentscheidender Bedeutung. Insofern ist zur Klarstellung während des Verfahrens und auch zur besseren Information für das Revisionsgericht eine entsprechende formelle Verfahrensweise durch Beurkundung im Hauptverhandlungsprotokoll der angemessene Weg, mit einem Experimentalbeweisantrag umzugehen. Anzumerken ist allerdings, daß zutreffend von einem Teil der Lehre die Ansicht vertreten wird, daß auch die Ablehnung eines Beweisermittlungsantrages stets einen Gerichtsbeschluß erfordere.[379]

Denn selbst wenn man die hier skizzierte Qualifizierung des Experimentalbeweisantrages als Beweisantrag nicht nachvollziehen will, sollte auf jeden Fall aus Klarstellungsgründen eine Beurkundung des Experimentalbeweisantrages wie auch seiner Bescheidung im Hauptverhandlungsprotokoll als notwendig erachtet werden.

Sollte man die hier vertretene Meinung nicht teilen und der Auffassung sein, der Experimentalbeweisantrag stelle einen bloßen Beweisermittlungsantrag dar, dessen Bescheidung nicht im Hauptverhandlungsprotokoll beurkundet werden muß, so müßten die Beteiligten über § 238 Abs. 2 StPO, über die Zurückweisung der Anordnung des Vorsitzenden, die Entscheidung des Gerichts herbeiführen. Diese Entscheidung wiederum müßte im Hauptverhandlungsprotokoll verzeichnet werden. Dies wäre ein unnötiger zeitraubender Vorgang. Regelmäßig ist ein Experimentalbeweisantrag von derart weittragender Bedeutung, daß die vorausgehende Entscheidung des Vorsitzenden faktisch nur einen Zeitverzug bedeuten würde. Zweckmäßiger ist es, sogleich eine Entscheidung des gesamten Gerichts herbeizuführen. Die Anordnungsbefugnis des Vorsitzenden als Sachleitung gemäß § 238 StPO ist dann – und nur dann – zweckmäßig, wenn es um formelle und nicht um inhaltliche Fragen geht. Dies ist aber gerade bei dem Experimentalbeweisantrag regelmäßig nicht der Fall. Mindestens aus der Sicht der Verfahrensbeteiligten handelt es sich nicht um formelle, sondern um wesentliche inhaltliche Fragen, die regelmäßig zu weittragenden Auseinandersetzungen zwischen Gericht und Verfahrensbeteiligten Anlaß geben werden. Daher ist eine Bescheidung nur durch den Vorsitzenden schon aus Gründen der Prozeßökonomie nicht sinnvoll.

Dieses Argument ist eine weitere Bestätigung des hier skizzierten Weges.

Abschließend bleibt zu resümieren: Nach der hier skizzierten Meinung muß der Experimentalbeweisantrag als echter Beweisantrag von den Prozeßsubjekten in der Hauptverhandlung mündlich gestellt werden, im Hauptverhandlungsprotokoll beurkundet, durch Gerichtsbeschluß beschieden, und dieser Gerichtsbeschluß muß wiederum im Hauptverhandlungsprotokoll beurkundet werden.

---

379 Schulz GA 1981, 301 (319); Gössel, S. 250 f.

Fünfter Abschnitt
Experimentalbeweisantrag und Revision

1. Teil
Revisibilität des in der Hauptverhandlung gestellten Experimentalbeweisantrages

1. Die Revision kann nur dann erfolgreich sein, wenn das Urteil auf einer Verletzung des Gesetzes beruht, § 337 StPO. Es muß also eine Gesetzesverletzung durch das Tatgericht begangen worden sein, und zudem muß das Urteil auf dieser Gesetzesverletzung beruhen. Des weiteren muß der Angeklagte bzw. der Revisionsführer durch die Gesetzesverletzung beschwert sein.

2. Man unterscheidet absolute und relative Revisionsgründe. Ein absoluter Revisionsgrund ist dann gegeben, wenn einer der in § 338 StPO katalogartig genannten Gründe vorliegt. Relative Revisionsgründe liegen dann vor, wenn sich der Revisionsgrund gemäß § 337 StPO aus einer sonstigen allgemeinen Gesetzesverletzung ergibt.

Zudem unterscheidet das Gesetz in § 344 Abs. 2 StPO die sog. materiellrechtliche Rüge und die Prozeßrüge. Eine Verfahrensrüge liegt dann vor, wenn eine Rechtsnorm über das Verfahren verletzt ist. Anderenfalls liegt eine Sachrüge vor.

I. Fehlende Beurkundung

Der Experimentalbeweisantrag ist ein echter Beweisantrag. Daher ist er gemäß § 273 Abs. 1 vorletzter Halbsatz StPO im Protokoll aufzunehmen, wenn er in der Hauptverhandlung gestellt wird. Unterbleibt diese Beurkundung, kann darauf die Revision nicht gestützt werden. Es würde sich um eine sog. Protokollrüge handeln, die unzulässig ist. Nicht die Fehlerhaftigkeit der Sitzungsniederschrift, sondern nur inhaltliche Mängeln des Verfahrens begründen die Revision.

Dies folgt aus dem Gedanken, daß auf einem Mangel des Protokolls das Urteil nie beruhen kann. Es kann also nur der fehlerhaft beurkundete Vorgang selbst zu einer Verfahrensrüge gemacht, nicht aber die Fehlerhaftigkeit des Protokolls als solches mit Aussicht auf Erfolg in der Revision gerügt werden.[380] Folglich kann auch nicht erfolgreich gerügt werden, daß die durch einen Gerichtsbe-

---

380 Kleinknecht/Meyer-Goßner § 344 Rdn. 26; Kleinknecht/Meyer-Goßner § 273 Rdn. 36.

schluß erfolgende Bescheidung des Antragstellers nicht in das Protokoll aufgenommen wurde. Gegenstand einer Revision kann allenfalls die Fehlerhaftigkeit des Beschlusses selbst sein. Insofern kommt es also auf den Inhalt dieses Beschlusses an, nicht auf seine fehlende oder mangelhafte Protokollierung.

Insoweit ist wider die weitgehende Beweiskraft des Protokolls gemäß § 274 StPO wegen des die wesentlichen Förmlichkeiten der Hauptverhandlung betreffenden Inhalts des Protokolls nur der Nachweis der Fälschung zulässig, § 274 S. 2 StPO. Diese ausschließliche Beweiskraft des Sitzungsprotokolls kann grundsätzlich nicht ergänzt, ersetzt oder widerlegt werden, auch nicht durch dienstliche Äußerungen der Gerichtsmitglieder oder der Prozeßbeteiligten.[381] Selbst wenn die Prozeßbeteiligten sich untereinander darüber einig sind, daß das Protokoll fehlerhaft ist, kann dies die Beweiskraft des Protokolls nicht beseitigen.[382] Die Beweiskraft des Protokolls entfällt nur dann, wenn eine Urkundsperson oder beide Urkundspersonen den Inhalt des Protokolls nachträglich für unrichtig erklären, so daß der Protokollinhalt von ihrer Unterschrift nicht mehr gedeckt ist.[383]

II. Inhaltliche Mängel des Experimentalbeweisantrages

Von zentraler Bedeutung ist die Frage, inwieweit inhaltliche Mängel des Experimentalbeweisantrages im Rahmen der Revision erfolgreich gerügt werden können.

1. Revisibilität des in der Hauptverhandlung gestellten Experimentalbeweisantrages zur Erhebung nichtpräsenter Beweise gemäß § 244 Abs. 3-5 StPO

Stellt ein Verfahrensbeteiligter einen Experimentalbeweisantrag, den das Tatgericht fehlerhaft bescheidet, so fragt sich, welche verfahrensrechtlichen Konsequenzen dies in der Revision hat. Die Beantwortung dieser Frage hängt entscheidend davon ab, wie der Experimentalbeweisantrag qualifiziert wird. Es ist hinreichend gezeigt worden (im Zweiten Abschnitt, 1. Teil B.), daß der Experimentalbeweisantrag als echter Beweisantrag im Sinne der Strafprozeßordnung zu betrachten ist. Damit teilt der Experimentalbeweisantrag das Schicksal eines fehlerhaft beschiedenen Beweisantrages.

Die Behandlung des Beweisantrages kann aus mehreren Gründen rechtsfehlerhaft sein: Zum einen kann das Tatgericht die Bescheidung unterlassen; des wei-

---

381 BGH NStZ 1993, 51; Alsberg/Nüse/Meyer, S. 884; BGHSt 22, 278 (280).

382 Löwe/Rosenberg-Gollwitzer § 274 Rdn. 22; Alsberg/Nüse/Meyer, S. 884.

383 BGH StV 1988, 45; Alsberg/Nüse/Meyer, S. 889; Kleinknecht/Meyer-Goßner § 274 Rdn. 16.

teren kann die durch einen entsprechenden Beschluß auf einen Experimentalbeweisantrag hin beschlossene Beweiserhebung nicht ausgeführt und zudem der Antrag unzulässigerweise abgelehnt worden sein.

a) Falls das Tatgericht es unterläßt, den Experimentalbeweisantrag zu bescheiden, so ist die Prozeßrüge im Rahmen der Revision wegen der Verletzung des § 244 Abs. 4 StPO zu erheben.

Ist ein Beweisantrag nicht beschieden worden, so ist im Einzelfall zu prüfen, ob das Urteil auf dem Verfahrensverstoß beruht.[384] Dies kann möglicherweise selbst dann nicht ausgeschlossen sein, wenn der Beweisantrag eigentlich mit einer rechtsfehlerfreien Begründung hätte abgelehnt werden können. Entscheidend kommt es dann darauf an, ob der Antragsteller durch die unterbliebene Mitteilung der Ablehnungsgründe in seiner Prozeßführung eingeschränkt worden ist, insbesondere, ob er bei Kenntnis der Ablehnungsgründe weitere und andere Anträge gestellt hätte.[385]

b) Führt das Tatgericht eine schon beschlossene Beweiserhebung bis zum Ende der Hauptverhandlung wider Erwarten nicht aus, so liegt die Verletzung des Gesetzes im Sinne des § 337 Abs. 1 StPO darin, daß § 244 Abs. 3-5 StPO rechtsfehlerhaft angewandt worden ist.[386]

c) aa) Falls das Tatgericht einen Experimentalbeweisantrag unter Berufung auf § 244 Abs. 3-5 StPO rechtsfehlerhafterweise ablehnt, so ist ebenfalls die Prozeßrüge mit der Behauptung zu erheben, es läge eine Gesetzesverletzung vor, und zwar hier des § 244 Abs. 3-5 StPO. Daneben wird man auch eine wahlweise Anwendung des § 338 Nr. 8 StPO für möglich halten können.[387] Diese rechtsfehlerhafte Bescheidung des Experimentalbeweisantrages wird statistisch gesehen den Hauptanwendungsfall der Revisionsrügen, bezogen auf den Experimentalbeweisantrag, darstellen.

Im Fall des Experimentalbeweisantrages ist also die Prozeßrüge, wie eben dargelegt, zu erheben. Daher muß gemäß § 344 Abs. 2 S. 2 StPO die Revisionsbegründung vollständig und umfassend in einer aus sich selbst heraus verständlichen Schilderung die den Mangel enthaltenden Tatsachen umfassend darlegen. Der bloße Verweis auf die Akten ist insoweit unzureichend und führt zum Rügeverlust. Der Akteninhalt kann mittelbar nur über eine ordnungsgemäß erhobene Prozeßrüge, insbesondere die Rüge des § 244 Abs. 2 StPO, in den Revisions-

---

384 BGH NStZ 1983, 422.

385 Alsberg/Nüse/Meyer, S. 774; BGH MDR 1971, 18; OLG Frankfurt StV 1981, 172; Löwe/Rosenberg-Gollwitzer § 244 Rdn. 356.

386 Löwe/Rosenberg-Gollwitzer § 244 Rdn. 357.

387 KMR-Paulus § 244 Rdn. 600; a.A.: Kleinknecht/Meyer-Goßner § 244 Rdn. 83; Alsberg/Nüse/Meyer, S. 867 f.: „Die Rüge des Verstosses gegen § 338 Nr. 8 bringt keine Vorteile."

prozeß eingeführt werden.[388] Die Zahl der – jedenfalls nach Auffassung des Bundesgerichtshofs – unzureichend begründeten und damit unzulässigen Prozeßrügen ist Legion.[389] Der Beschwerdeführer muß zum einen genau den Beweisantrag und den Ablehnungsbeschluß und zudem die Tatsachen anführen, aus denen sich ergibt, daß die Entscheidung rechtsfehlerhaft ist.[390]

bb) Die Nichterhebung beantragter Beweise kann auch mit der Aufklärungsrüge beanstandet werden.[391] Allerdings ist zu beachten, daß aus der Natur der Sache heraus die Aufklärungsrüge das stumpfere Schwert ist. Insoweit kommt nur eine Verletzung des § 244 Abs. 2 StPO in Betracht; hier ist aber der Spielraum des Tatgerichts größer als bei der Rüge des § 244 Abs. 3-5 StPO.

Diese doppelte Rügemöglichkeit im Rahmen der Aufklärungsrüge einerseits und der Verletzung des § 244 Abs. 3-5 StPO andererseits kann aber dann relevant werden, wenn die Rüge der Verletzung des § 244 Abs. 3-5 StPO wegen unvollständiger Begründung an § 344 Abs. 2 StPO scheitern sollte. Dann kann möglicherweise die Aufklärungsrüge dennoch zulässig begründet worden sein, sofern alle dafür erforderlichen Tatsachen von der Revision vorgetragen worden sein sollten.[392]

2. Revisibilität des in der Hauptverhandlung gestellten Experimentalbeweisantrages zur Erhebung präsenter Beweise gemäß § 245 StPO

Wird ein präsenter Experimentalbeweis rechtsfehlerhaft nicht erhoben, so begründet dies die Revision.[393] Die Rechtslage entspricht derjenigen bei der Erhebung nicht präsenter Beweise gemäß § 244 Abs. 3-5 StPO.

Demzufolge ist auch hier subsidiär die Aufklärungsrüge bei rechtsfehlerhafter Nichterhebung präsenter Experimentalbeweise ebenfalls begründet.

---

388 Kleinknecht/Meyer-Goßner § 337 Rdn. 22 f.; Sarstedt/Hamm, Rdn. 259; Schmidt-Hieber, JuS 1988, 710 (713 bei Fußnote 36).

389 Ventzke, StV 1992, 338; KK-Herdegen § 244 Rdn. 36: „Am Titel der Abhandlung von Ventzke ist nur das Fragezeichen zu bemängeln."

390 KK-Herdegen § 244 Rdn. 107; BGH NStZ 1985, 209.

391 Alsberg/Nüse/Meyer, S. 868; Löwe/Rosenberg-Gollwitzer § 244 Rdn. 354; BGH NStZ 1984, 329, 330.

392 BGH NJW 1957, 598; Löwe/Rosenberg-Gollwitzer § 244 Rdn. 354.

393 Kleinknecht/Meyer-Goßner § 245 Rdn. 30.

2. Teil
Revisibilität des im Vorverfahren gestellten Experimentalbeweisantrages

1. Gemäß §§ 199, 203 StPO entscheidet das Tatgericht über die Eröffnung des Hauptverfahrens durch Beschluß. Der Eröffnungsbeschluß soll damit allein die Ausgangsbasis für das weitere Verfahren darstellen.[394] Wegen § 336 S. 2 StPO ist der Eröffnungsbeschluß grundsätzlich der Revision des Angeklagten entzogen. Ein fehlender oder nicht mitgeteilter Eröffnungsbeschluß ist aber als mangelnde Prozeßvoraussetzung von Amts wegen zu beachten.[395] Die zeitlich vor dem Eröffnungsbeschluß liegenden Entscheidungen unterliegen daher nicht der Prüfung durch das Revisionsgericht.[396]

Ausnahmen sollen nur dann gelten, wenn die fehlerhafte Ablehnung eines Experimentalbeweisantrages sich bis zum Urteil auswirkt.[397] Eine fehlerhafte Ablehnung eines Experimentalbeweisantrages ist dann noch im Urteil wirksam, wenn zum Beispiel der Verlust der Beweise eingetreten ist, so daß die Beweise in der Hauptverhandlung nicht mehr erhoben werden konnten und somit auch ein entsprechender Beweisantrag in der Hauptverhandlung nicht mehr gestellt werden konnte. Dabei ist zum Beispiel an Zeugen zu denken, die an einer unheilbaren, schweren Krankheit gelitten haben und zwischenzeitlich verstorben sind. Wenn diese nunmehr nicht mehr vernommen werden können und die in dem Experimentalbeweisantrag unter Beweis gestellte Tatsache sich aber zugunsten des Angeklagten ausgewirkt hätte, so ist die Ablehnung des Beweisantrages im Vorverfahren gemäß §§ 163 a Abs. 2, 166 StPO fehlerhaft. Dieser Fehler ist auch noch im Urteil wirksam. Daher ist das Urteil im Wege der Revision aufzuheben.

2. Dies erscheint als eine befriedigende Regelung. Dennoch geht diese Regelung von einer überkommenen Vorstellung des Strafprozesses aus. Nach dieser überkommenen Vorstellung liegt das Schwergewicht des Strafprozesses in der Hauptverhandlung. Hier soll der originäre Ort der Beweisaufnahme sein. Nach diesem Vorstellungsbild soll nur ganz singulär schon vor Beginn der Hauptverhandlung Beweis erhoben werden, beispielsweise dann, wenn ein einzelnes Beweismittel in kurzer Zeit erreichbar und die Erhebung dieses einzelnen Be-

394 Alsberg/Nüse/Meyer, S. 856 bei Fußnote 13.

395 Kleinknecht/Meyer-Goßner § 207 Rdn. 14; Kleinknecht/Meyer-Goßner § 203 Rdn. 3.

396 Alsberg/Nüse/Meyer, S. 856 f.

397 Alsberg/Nüse/Meyer, S. 857 bei Fußnote 15.

weises eine fundamentale Wendung für den Prozeß zu erbringen in der Lage ist, zum Beispiel zur Einstellung des Verfahrens führen kann.

Insoweit haben aber Wandlungen des Verständnisses des modernen Strafprozesses stattgefunden. Möglicherweise bedingt durch eine breite Basis professionell agierender Strafverteidiger, die sich der Mühe unterziehen, gegen die Ermittlungsfront der Staatsanwaltschaft ein durch Aktenkenntnis und Sachwissen ausgebildetes Gegengewicht zu schaffen, hat dazu geführt, daß insbesondere diese Verteidiger trotz einer nach wie vor verschwindend geringen Ablehnungsquote, bezogen auf den Eröffnungsbeschluß, eine gewisse Verlagerung des Strafprozesses in das Vorverfahren anstreben und durch qualitativ anspruchsvolle Arbeit auch zum Teil bewirken. Dann ist aber nicht einsehbar, daß die hier stattfindenden Beschlüsse, zum Beispiel Ablehnungen von Beweisanträgen im Vorverfahren, nicht auch der Revision unterliegen sollen. Qualitativ besteht kein Unterschied zu den Beschlüssen des Tatgerichts, mit denen Beweisanträge in der Hauptverhandlung abgelehnt werden. Zwar werden die Verteidiger in der Regel die schon im Vorverfahren gestellten Anträge in der Hauptverhandlung wiederholen, zumal die Adressaten dieser Anträge auch nunmehr andere sind – war es vorher die Staatsanwaltschaft, ist es nunmehr das Tatgericht. Dennoch muß das Vorverfahren als wesentlicher und tief in die Freiheitsrechte eingreifender Teil staatlichen Handelns revisionsgerichtlicher Kontrolle unterworfen sein. Als Stichworte sind hier die Begriffe „Rechtsstaat“, Art. 28 Abs. 1 S. 1 GG, und „effektiver Rechtsschutz“, Art. 19 Abs. 4 S. 1 GG, zu nennen.

Die Beschwerde gemäß § 304 StPO scheidet insoweit wegen § 305 StPO zu Recht aus. Die Entscheidungsfindung der Gerichte und Staatsanwaltschaft wäre zu schwerfällig, wenn die einzelnen Entscheidungen der (mit vielen Aktenversendungen verbundenen) Beschwerde unterlägen.

Dennoch muß es ein Rechtsmittel gegen fehlerhafte Ablehnungsbeschlüsse bzw. Verfügungen auf einen Beweisantrag hin geben. Dies ist notwendig, um das Einfallstor tatrichterlicher und staatsanwaltlicher Willkür möglichst eng zu halten. De lege ferenda sollten daher die einen Experimentalbeweisantrag ablehnenden Verfügungen der Staatsanwaltschaft der Revision zugänglich sein. Diese dogmatische Fortentwicklung sollte vorgenommen werden, um einem gewandelten Verständnis des Strafprozesses Rechnung zu tragen.

Es bleibt allerdings festzuhalten, daß de lege lata Verstöße gegen §§ 163 a Abs. 2, 166 StPO grundsätzlich nicht revisibel sind.[398]

Aber auch schon de lege lata unterliegen – darauf sei noch einmal hingewiesen – fehlerhafte Entscheidungen der Staatsanwaltschaft dann ausnahmsweise revisionsgerichtlicher Prüfung, wenn diese fehlerhafte Entscheidung sich bis zum Urteil ausgewirkt hat.

---

398 Alsberg/Nüse/Meyer, S. 857.

3. Teil
Revisibilität des im Zwischenverfahren gestellten Experimentalbeweisantrages

Eine unterlassene oder fehlerhafte Entscheidung über den Experimentalbeweisantrag im Zwischenverfahren gemäß §§ 201 ff. StPO kann mit der Revision nicht erfolgreich gerügt werden. Insoweit stehen §§ 201 Abs. 2 S. 2 in Verbindung mit 336 S. 2 StPO dagegen.

Damit ist die Revisibilität eines fehlerhaft beschiedenen Experimentalbeweisantrages im Zwischenverfahren gesetzlich ausgeschlossen. Der eben für den Experimentalbeweisantrag im Vorverfahren vorgeschlagene Weg kann daher hier nicht beschritten werden, da er praeter legem stattfände. De lege ferenda sind allerdings die eben – bezogen auf das Vorverfahren – vorgetragenen Gedanken hier ebenfalls anwendbar.

Unzutreffend ist die Auffassung, die unzulässige Ablehnung von Experimentalbeweisanträgen könne mit der Revision deshalb nicht gerügt werden, da das Urteil darauf nicht beruhe.[399] Fehlerhafte Ablehnungen von Beweisanträgen, die infolge Zeitablaufs nicht mehr im Hauptverfahren nachholbar sind, können sehr wohl relevant für die Beruhensfrage sein.

De lege lata aber kann mit der Revision die Verletzung von Hinweispflichten im Zwischenverfahren gerügt werden.[400] Bei einem unvollständigen und mangelhaften Beweisantrag hat der Gerichtsvorsitzende aufgrund seiner Fürsorgepflicht auf eine vollständige und mangelfreie Stellung dieses Beweisantrages hinzuwirken. Unterläßt er diese Hinweise, so verletzt der Vorsitzende damit möglicherweise die Sachaufklärungspflicht. Dadurch wird der Antragsteller daran gehindert, seinen Beweisantrag zu vervollständigen und damit eine Sachaufklärung zu ermöglichen. Somit kann insoweit eine Aufklärungsrüge begründet sein.

---

399 Kleinknecht/Meyer-Goßner § 201 Rdn. 10.

400 Kleinknecht/Meyer-Goßner § 201 Rdn. 10; Alsberg/Nüse/Meyer, S. 857.

4. Teil
Revisibilität des Experimentalbeweisantrages zur Vorbereitung der Hauptverhandlung gemäß § 219 StPO

Die einen Experimentalbeweisantrag ablehnende Entscheidung des Vorsitzenden des Tatgerichts soll nach § 219 StPO grundsätzlich nicht revisibel sein.[401] Zur Begründung wird insoweit angeführt, das Urteil beruhe nicht auf der rechtsfehlerhaften Verfügung des Gerichtsvorsitzenden, sondern regelmäßig auf der eigenen Untätigkeit des Antragstellers.[402]

Dem steht folgende Überlegung entgegen: Das Urteil beruht nicht *nur* auf der eigenen Untätigkeit des Antragstellers, sondern auch zugleich auf der rechtsfehlerhaften Verfügung des Gerichtsvorsitzenden. Hätte dieser den Experimentalbeweisantrag positiv beschieden und den Beweis erhoben, so wäre möglicherweise ein die Beweistatsache stützendes Beweisergebnis erzielt worden. Damit hätte das Urteil eine andere Gestalt. Also beruht das Urteil auf dieser rechtsfehlerhaften Verfügung.

Ähnlich verhält es sich auch bei der fehlerhaften Ablehnung eines Beweisantrages in der Hauptverhandlung gemäß § 244 Abs. 3-5 StPO. Auch dort wird die Revisibilität des Verfahrensverstoßes in geeigneten Fällen nicht mit der Begründung verneint, die unter Beweis gestellte Tatsache hätte mit einem anderen Beweismittel, zum Beispiel einem weiteren Zeugen, durchaus auch bewiesen werden können.

Hier wird dem Antragsteller nicht zum Vorwurf gemacht, ein Vorgang, den zum Beispiel ein Dutzend Zeugen beobachtet haben, hätte er auch durch weitere Zeugen in die Hauptverhandlung einführen können und hätte demzufolge weitere Beweisanträge stellen müssen. Dies kann auch schon deswegen nicht richtig sein, weil bei einem Attentat auf eine Persönlichkeit in einem Stadion mit 10.000 Menschen dem Antragsteller nicht angesonnen werden muß, 9.999 Zeugen zu laden, wenn das Tatgericht die jeweiligen Beweisanträge nicht oder fehlerhaft bescheidet.

Wichtig ist zur Frage der Revisibilität nur, ob eine Gesetzesverletzung vorliegt und ob darauf das Urteil beruht. Ob der Antragsteller durch eigene Handlungen diesen Gesetzesverstoß des Tatgerichts hätte für das Urteil unschädlich machen können, kann für die Revision kein sinnvoller Maßstab sein.

---

[401] Alsberg/Nüse/Meyer, S. 858 m.w.N.

[402] Alsberg/Nüse/Meyer, S. 858; Dahs/Dahs, Rdn. 240.

Der Ort der Reaktion der Verfahrensbeteiligten auf Rechtsfehler des Tatgerichts ist die Revision, nicht die Hauptverhandlung zum Zwecke der Heilung.

Eine Teilung in von den Beteiligten in der Hauptverhandlung unbemerkte und damit rügbare Verstöße einerseits und von den Beteiligten bemerkte und damit verwirkte Rügen andererseits ist der Strafprozeßordnung fremd. Eine entsprechende Fürsorgepflicht der Verfahrensbeteiligten besteht nicht. Den Strafverteidiger trifft nur eine Fürsorgepflicht gegenüber dem Angeklagten.

Zudem würde durch eine Rügeverwirkung der Schwerpunkt allein und ausschließlich in die Hauptverhandlung verlagert. Dies entspricht nicht einer angemessenen, die einzelnen Verfahrensstadien und die dafür zur Verfügung stehende Zeit ausschöpfende Betrachtungsweise des Strafprozesses.

Zudem muß im Strafprozeß die materielle Wahrheit und Gerechtigkeit oberste Maxime sein und bleiben, da die Eingriffsbefugnisse und Sanktionsmöglichkeiten des Staates auf diesem Gebiet extrem massiv sind. Daher darf der Beschuldigte nicht für etwaige Fehler seines Verteidigers haften.

De lege ferenda sollten also Beweisanträge zur Vorbereitung der Hauptverhandlung im Sinne des § 219 StPO der Verfahrensrüge wegen der Verletzung des § 219 StPO in Zukunft zugänglich sein.

De lege lata wird die Revision aber schon als begründet betrachtet, wenn die Ablehnungsverfügung des Vorsitzenden unzureichend begründet ist und damit Fürsorge- und Hinweispflichten verletzt werden.[403] Der Vorsitzende muß bei seiner ablehnenden Entscheidung dem Angeklagten mitteilen, daß es sich nur um eine vorläufige Entscheidung handelt, bei der die Möglichkeit der unmittelbaren Ladung besteht und der Antrag in der Hauptverhandlung zudem wiederholt werden kann.[404] Durch diesen Vortrag des fehlenden Hinweises ist die Aufklärungsrüge begründet. In der vom Angeklagten erhobenen Rüge wegen seines nicht beschiedenen Experimentalbeweisantrages wird man regelmäßig implizit eine entsprechende Aufklärungsrüge sehen können.[405]

---

403 Dahs/Dahs Rdn. 240; Alsberg/Nüse/Meyer, S. 860.

404 Dahs/Dahs, Rdn. 240.

405 Alsberg/Nüse/Meyer, S. 860 bei Fußnote 34.

Schlußbetrachtung
Zusammenfassung der Ergebnisse und Gesetzesvorschlag

1. Ein Experimentalbeweisantrag ist ein Antrag, bei dem die Beweismittel in einer bestimmten Konstellation zueinander verwandt werden sollen.
2. Der Experimentalbeweisantrag ist *echter* Beweisantrag im Sinne des § 244 Abs. 3-5 StPO.

   Er ist weder bloßer Beweisermittlungsantrag noch eine bloße Beweisanregung oder ein ähnlicher Antrag von geminderter Antragsintensität.
3. Der Experimentalbeweisantrag verstößt nicht gegen den Numerus clausus der Beweismittel. Die Behandlung des Experimentalbeweisantrages richtet sich nach den Beweismitteln, die Gegenstand des Experimentalbeweisantrages sind, wie zum Beispiel Zeugen oder Sachverständigenbeweis.
4. Zu prüfen ist jeweils insbesondere, in welchen Fällen der Experimentalbeweisantrag aus inhaltlichen Gründen ein ungeeignetes Beweismittel im Sinne des § 244 Abs. 3 S. 2 StPO ist; dem In-dubio-Grundsatz ist insoweit besondere Beachtung zu schenken.
5. Der Experimentalbeweisantrag ist ein echter Antrag auf Erhebung präsenter Beweise gemäß § 245 StPO.
6. Es besteht ein Anspruch auf Erhebung von Experimentalbeweisen im Vorverfahren gemäß §§ 163 a Abs. 2, 166 StPO.
7. Ebenso besteht ein Anspruch auf Vornahme von Experimentalbeweisen im Zwischenverfahren gemäß § 201 StPO und zur Vorbereitung der Hauptverhandlung gemäß §§ 219, § 225 a Abs. 2, 270 Abs. 4 StPO.
8. Der Experimentalbeweisantrag wird eingeschränkt durch §§ 81, 81 a-d und §§ 52–55 StPO sowie insbesondere durch Art. 1 und 2 GG. Insoweit kommt es auf die Zumutbarkeit für den Zeugen an. Insbesondere das Verhältnismäßigkeitsgebot ist hier zu beachten.
9. Das Antragsrecht für einen Experimentalbeweisantrag steht insbesondere der Staatsanwaltschaft, dem Strafverteidiger, dem Angeklagten und dem Nebenkläger zu.
10. Der Experimentalbeweisantrag wird durch den gesamten Spruchkörper beschieden.
11. Der Antrag und die Bescheidung sind in das Hauptverhandlungsprotokoll aufzunehmen.
12. Eine rechtsfehlerhafte Behandlung des Experimentalbeweisantrages in der Hauptverhandlung kann im Rahmen der Revision durch eine Prozeßrüge wegen Verletzung des § 244 Abs. 3-5 Abs. 1 StPO erfolgreich gerügt werden.

Darüber hinaus steht subsidiär die Aufklärungsrüge zur Verfügung.

13. Bei fehlerhafter Behandlung präsenter Beweismittel ist die Prozeßrüge wegen Verletzung des § 245 StPO begründet.

    Auch hier ist subsidiär die Aufklärungsrüge begründet.

14. Der Experimentalbeweisantrag im Vorverfahren gemäß §§ 163 a Abs. 2, 166 StPO, im Zwischenverfahren gemäß § 201 StPO und zur Vorbereitung der Hauptverhandlung gemäß §§ 219, 225 a Abs. 2, 270 Abs. 4 StPO ist nach bestehender Rechtslage nicht revisibel. Die Zweckmäßigkeit dieser Rechtslage sollte überdacht werden.

15. Nach bestehender Rechtslage kann ausnahmsweise in bestimmten Fällen der Verletzung von Aufklärungs- und Fürsorgepflichten die Aufklärungsrüge bei dem Experimentalbeweisantrag im Vorverfahren gemäß §§ 163 a Abs. 2, 166 StPO sowie zur Vorbereitung der Hauptverhandlung gemäß §§ 219, 225 a Abs. 2, 270 Abs. 4 StPO begründet sein.

16. Abschließend ist folgender Gesetzesvorschlag zu unterbreiten:

Gesetzesvorschlag:

§ 244 Abs. 7 StPO bzw. § 244 Abs. 3 S. 3 StPO:

> Der Experimentalbeweisantrag stellt einen echten Beweisantrag im Sinne dieses Gesetzes dar.

Schrifttumsverzeichnis

Ackemann, Ulrike: Rechtmäßigkeit und Verwertbarkeit heimlicher Stimmvergleiche im Strafverfahren, Berlin 1997

Alsberg, Max: Der Beweisantrag im Strafprozeß, 1. Auflage, Berlin 1930

Alsberg, Max / Nüse, Karl-Heinz: Der Beweisantrag im Strafprozeß, 3. Auflage, Köln 1967

Alsberg, Max / Nüse, Karl-Heinz / Meyer, Karlheinz: Der Beweisantrag im Strafprozeß, 5. Auflage, Köln 1983

Alternativkommentar: Kommentar zur Strafprozeßordnung (Reihe Alternativkommentare), Band 2/2, Neuwied, Darmstadt 1993 (zitiert: AK-Bearbeiter)

Amelung, Knut: Anmerkungen zu BVerfG Beschluß vom 18.8.1981 – 2 BvR 166/81, NStZ 1982, 38 ff.

Beck'sches Formularbuch für den Strafverteidiger, 2. Auflage, München 1992

Bergmann, Karl-Otto: Die Beweisanregung im Strafprozeß, Dissertation, Münster 1970 (zitiert: Bergmann)

– Die Beweisanregung im Strafverfahren, MDR 1976, 888 ff.

Beulke, Werner: Die Neuregelung der Nebenklage, DAR 1988, 114 ff.

– Strafprozeßrecht, 4. Auflage, Heidelberg 2000 (zitiert: Beulke)

Bundesgesundheitsamt: Gutachten „Alkohol bei Verkehrsstraftaten“, 1966

Burgdorf, Ralf / Ehrentraut, Christoph / Lesch, Heiko H.: Die Identifizierungsgegenüberstellung gegen den Willen des Beschuldigten – Eine unzulässige Ermittlungsmaßnahme, GA 1987, 106 f.

Dahs, Hans / Dahs, Hans: Die Revision im Strafprozeß, 5. Auflage, München 1993

Dahs, Hans / Wimmer, Raimund: Unzulässige Untersuchungsmethoden bei Alkoholverdacht, NJW 1960, 2217 ff.

Eisenberg, Ulrich: Anmerkungen zu BGH, Beschluß vom 12.4.1994 – 4 StR 142/94, NStZ 1994, 598

– Beweisrecht der StPO, 3. Auflage, München 1999

Esser, Josef: Vorverständnis und Methodenwahl in der Rechtsfindung, Frankfurt 1970 (zitiert: Esser, Vorverständnis und Methodenwahl)

– Recht und Rechtsverwirklichung, in: Wege der Rechtsgewinnung, S. 197, Tübingen 1990 (zitiert: Esser, Recht und Rechtsverwirklichung)

Fezer, Gerhard: Möglichkeiten einer Reform der Revision in Strafsachen, Tübingen 1975

– Grundfälle zum Verlesungs- und Verwertungsverbot im Strafprozeß, JuS 1978, 325 ff.

– Strafprozeßrecht, 2. Auflage, München 1995 (zitiert: Fezer, Strafprozeßrecht)

Gerland, Heinrich: Der deutsche Strafprozeß, Mannheim 1927

Gössel, Karl Heinz: Strafverfahrensrecht, Stuttgart 1977
Grünwald, Gerald: Probleme der Gegenüberstellung zum Zwecke der Wiedererkennung, JZ 1981, 423 ff.
Heidelberger Kommentar zur Strafprozeßordnung, hrsg. v. Lemke, Michael / Julius, Karl-Peter / Krehl, Christoph / Kurth, Hans-Joachim / Rautenberg, Erardo Christoforo / Temming, Dieter, 2. Auflage, Heidelberg 1999 (zitiert: Heidelberger Komm.-Bearbeiter)
Hellmann, Uwe: Strafprozeßrecht, Berlin 1998
Herdegen, Gerhard: Beweisantragsrecht, Beweiswürdigung, Strafprozessuale Revision, Baden-Baden 1995
Karlsruher Kommentar zur Strafprozeßordnung und zum Gerichtsverfassungsgesetz, 4. Auflage, München 1999 (zitiert: KK-Bearbeiter)
Kleinknecht, Theodor: Strafprozeßordnung, 35. Auflage, München 1981
Kleinknecht, Theodor / Meyer-Goßner, Lutz: Strafprozeßordnung, mit GVG und Nebengesetzen, Kommentar, 44. Auflage, München 1999
KMR: Kommentar zur Strafprozeßordnung, Band 1 (Einl. – § 243), Loseblatt, Stand: Febr. 1997 (13. Lfg.), Neuwied, zitiert: KMR-Bearbeiter, Kommentar zur StPO
Kohlrausch, Eduard: Strafprozeßordnung und Gerichtsverfassungsgesetz, 22. Auflage, Berlin 1930
Krause, Dietmar: Alte Fragen zum neuen § 81 c StPO, JZ 1976, 124 ff.
Krekeler, Wilhelm: Der Beweiserhebungsanspruch des Beschuldigten im Ermittlungsverfahren de lege lata und de lege ferenda, Dissertation Münster 1990 (zitiert: Krekeler)
– Der Beweiserhebungsanspruch des Beschuldigten im Ermittlungsverfahren, NStZ 1991, 367 ff.
Kühne, Hans-Heiner: Ausschluß der Öffentlichkeit im Strafverfahren, NJW 1971, 224 ff.
– Strafprozeßlehre, 4. Auflage, Heidelberg 1993 (zitiert: Kühne, Strafprozeßlehre)
Künzel, Hermann Josef: Zum Problem der Sprecheridentifizierung durch Opfer und Zeugen, GA 1988, 215 ff.
Löwe, Ewald / Rosenberg, Werner: Die Strafprozeßordnung und das Gerichtsverfassungsgesetz, Großkommentar,
21. Auflage, Berlin 1963
23. Auflage, Berlin 1976
24. Auflage, Berlin 1984
25. Auflage, Berlin 1999
(zitiert: Löwe/Rosenberg-Bearbeiter, Auflage)
Marx, Michael: Die Verwertung präsenter Beweismittel nach neuem Recht, NJW 1981, 1415 ff.

Meurer, Dieter: Anmerkungen zu OLG Köln, Urteil vom 11.6.1996 – Ss 194/96, StV 1998, 178
Meyers Enzyklopädisches Lexikon, Band 38, 9. Auflage, Mannheim 1973
Müller, Christoph Markus: Der Anscheinsbeweis im Strafprozeß, Berlin 1998
Nelles, Ursula: Der Einfluß der Verteidigung auf Beweiserhebungen im Ermittlungsverfahren, StV 1986, 74 ff.
Niemöller, Martin: Die strafrichterliche Beweiswürdigung in der neueren Rechtsprechung des Bundesgerichtshofs, StV 1984, 431 ff.
Nierwetberg, Rüdiger: Der Beweisantrag im Strafverfahren, Jura 1984, 630 ff.
Odenthal, Hans-Jörg: Die Gegenüberstellung zum Zwecke des Wiedererkennens, NStZ 1985, 433 ff.
Perron, Walter: Das Beweisantragsrecht des Beschuldigten im deutschen Strafprozeß, Berlin 1995 (zitiert: Perron, Beweisantragsrecht)
– Das Beweisantragsrecht des Beschuldigten – Ursache oder Symptom der Krise des deutschen Strafprozesses?, ZStW 108 (1996), 228 ff.
Peters, Karl: Strafprozeß, 4. Auflage, Heidelberg 1985
Pfeiffer, Gerd: Strafprozeßordnung, Kommentar, 2. Auflage, München 1999
Rill, Hans-Georg/Vossel, Gerhard: Psychologische Täterschaftsbeurteilung („Lügendetektion", „Polygraphie"): Eine kritische Analyse aus psychophysiologischer und psychodiagnostischer Sicht, NStZ 1998, 481 ff.
Rogall, Klaus: Der Beschuldigte als Beweismittel gegen sich selbst, Berlin 1977
Roxin, Claus: Strafverfahrensrecht, 25. Auflage, München 1998
Sarstedt, Werner/Hamm, Rainer: Die Revision in Strafsachen, 6. Auflage, Berlin 1998
Schlüchter, Ellen: Das Strafverfahren, 2. Auflage, Köln 1983
Schmidt, Eberhard: Die Verletzung der Belehrungspflicht gemäß § 55 II StPO als Revisionsgrund, JZ 1958, 596 ff.
– Kritische Bemerkungen zu dem Beschluß des Großen Senats für Strafsachen v. 8.12.1958, betreffend das Untersuchungsverweigerungsrecht nach § 81 c StPO, JR 1959, 369 ff.
Schmidt-Hieber, Werner: Grundlagen der strafrechtlichen Revision, JuS 1988, 710 ff.
Schopenhauer, Arthur: Aphorismen zur Lebensweisheit, München 1974
Schulz, Joachim: Die prozessuale Behandlung des Beweisermittlungsantrags, GA 1981, 301 ff.
Schwabe, Jürgen: Der „Lügendetektor" vor dem Bundesverfassungsgericht, NJW 1982, 367
Spiegel, Richard: Die neuen Erkenntnisse über die Reaktionszeiten des Kraftfahrers, die Folgerungen für die Rechtsprechung, DAR 1982, 366 ff.

Systematischer Kommentar zur Strafprozeßordnung und zum Gerichtsverfassungsgesetz, herausgegeben von Rudolphi, Hans Joachim / Frisch, Wolfgang / Paeffgen, Hans-Ullrich / Rogall, Klaus / Schlüchter, Ellen / Wolter, Jürgen, Frankfurt am Main Mai 1999 (zitiert: SK-Bearbeiter)

Ventzke, Klaus-Ulrich: § 344 II 2 StPO – Einfallstor revisionsgerichtlichen Gutdünkens?, StV 1992, 338 ff.

Volk, Klaus: Strafprozeßrecht, München 1999

Volckart, Bernd: Das Verwertungsverbot für Lügendetektortests, Recht und Psychiatrie 1998, 138 ff.

Wächtler, Hartmut: Der Frankfurter „Mohren"-Beschluß, StV 1997, 51 ff.

Weigend, Thomas: Das Opferschutzgesetz – Kleine Schritte zu welchem Ziel?, NJW 1987, 1170 ff.

Bezüglich der fachbezogenen und sonstigen gebräuchlichen **Abkürzungen** wird verwiesen auf: Kirchner, Hildebert: Abkürzungsverzeichnis der Rechtssprache, 4. Auflage, Berlin 1993

FSC
www.fsc.org
MIX
Papier | Fördert
gute Waldnutzung
FSC® C083411

Kolibri 360 GmbH
Ferdinand-Jühlke-Straße 7
99095 Erfurt, Deutschland
produktsicherheit@kolibri360.de

Druck:
CPI Druckdienstleistungen GmbH
im Auftrag der
Kolibri 360 GmbH
Ferdinand-Jühlke-Str. 7
99095 Erfurt